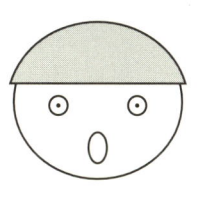

新しい預かり保育実践から
見えたもの

子どもは
せんせい

冨田ひさえ

北大路書房

はじめに

　この本は，アフタースクール（福岡市で実践されている預かり保育）の新しい取り組みのなかで起こったエピソードをいくつか取り上げながら，子どもたちが瞳を輝かせて夢中になって遊ぶ姿，そしてその遊びから得た感動，それを寄り添うように援助していった保育者の喜びなどをドキュメンタリータッチでまとめたものです。この保育実践を通して，たくさんのことを保育者も私も学びました。そして多くの気づきにも出会いました。この新しい取り組みで得た私たちの体験は，今後の預かり保育について，さらにはこれからの保育そのもののあり方について考えていくためのヒントになるのではないでしょうか。

　近年，人々の価値観は多様化し，結婚をしない女性，男性がふえ，未婚率が上昇しています。また，結婚しても，自分たちの生きがいを優先して，子どもを持たないカップルもふえています。その結果，子どもの数が激減してしまいました。子どもの数の減少はいろいろなところに波紋をよんでいますが，一番深刻な問題をかかえたのが幼稚園でしょう。幼稚園の需要が減少し，全国どこの幼稚園の園児数をみても減少傾向にあり，閉園に追いこまれた園も少なくありません。幼稚園はいま，深刻な経営難にあえいでいます。

　一方で，女性は結婚をして子どもを産み育てるといったかつてあった役割観から一歩とび出して，結婚しても，子どもを産んでも，仕事や生きがいをたいせつにしようと考える風潮が女性の間に広まり，社会で活躍する女性がふえています。先ごろ開かれたシドニー

オリンピックでも，女性のめざましい活躍が話題を呼びました。私も仕事を持つ女性のひとりとして，社会でがんばっている女性が多くいることは，とても喜ばしいことだと思います。そうした結婚しても仕事を続けたいと考える母親の増加と，子どもを預かってもらえる家族がいないといった核家族化も影響し，幼稚園ではなく保育所の需要が急速に高まってきています。地域によっては慢性的な保育所不足が深刻な問題になりつつあります。つまり，幼児教育の需要が幼稚園から保育所へシフトしつつあるということでしょう。

　戦後，はじめて幼稚園教育要領を作成する際，諸外国にならって，幼保一元化（幼稚園は文部省の管轄，保育所は厚生省の管轄という分け方をしないで，管轄もシステムも統一する）の動きはあったのですが，実現されることはなく，現在のような管轄ごとのシステムが長年続いてきました。

　しかし現在，幼稚園や保育所がかかえている深刻な問題を解決するためには，その垣根を低くしないわけにはいかず，その流れのなかで，ここ数年，急速に「預かり保育」という考え方がクローズアップされてきました。経営危機に直面した幼稚園は生き残りをかけ，いろいろなサービスを展開しています。そのひとつとして預かり保育（かつては延長保育と呼ばれていた）に注目が集まっているのです。つまり，幼稚園が保育所並みに保育時間を延長し，保育所で補いきれない園児を預かろうというもので，文部省もその推進に力を入れ始めています。今後ますます需要は高まり，現在実施していない幼稚園も実施せざるをえない状態が来て，実施園はふえていくでしょう。ただ，かつて付加的なサービスにすぎなかった延長保育ですから，歴史も浅く，保育内容もバラバラでこれといって決まった

ものは少ないのが現状のようです。

　本書で紹介するアフタースクールは，幼稚園に隣接した乳幼児（1歳から3歳）専門の保育施設の保育者が，幼稚園のホールを利用して，幼稚園終了後の子どもたちを午後6時まで預かり，指導をするというものです。預かり保育の流れに先駆けて平成7年からスタートしました。スタート当初は，預かり保育という考え方が定着していないために，なかなか理解が得られないといった苦労もありました。しかし，預かり保育に踏み切る園がふえるにつれ，この実践への期待も大きくなりつつあります。預かり保育の先駆的な「アフタースクール」の取り組みから，預かり保育のモデルとしてだけではなく，保育の本質をも感じとっていただけるのではと思います。

　預かり保育とは，どんなものなのでしょうか？　通常の保育時間外で実施されるため，保育時間も短く，流れのあるカリキュラムの実施もむずかしく，異年齢の子どもたちの集まりであるために，発達を考慮したカリキュラムの立案も援助もとてもたいへんであるといった問題点がいくつかありそうです。また，預かり保育だからといって，ただ決まった時間，預かってさえいればいいというものでもないはずです。アフタースクールでも，当初はそのような問題をかかえていました。そこで，発想を転換し「預かり保育だからできる保育を！」をスローガンに，新しいカリキュラムや保育方法（テーマ保育）について，時間をかけて検討し，平成11年度，実施に踏み切りました。私は，2年間この乳児施設およびアフタースクールの指導顧問として，新カリキュラムの検討，立案，実施と，アフタースクールの新しい試みのお手伝いをしてきました。

　ここでご紹介するテーマ保育というのは，従来からあるカリキュ

ラム(年間計画,月案,週案)から一歩飛び出して,文化,歴史,科学,文学,芸術といった領域から子どもが興味を示すと予測できるテーマを年間3～4選定し,子どもたちの興味や関心の方向とすり合わせながら,1つのテーマについて2か月～3か月かけてじっくりと取り組み,カリキュラムもテーマに即しながら子どものつぶやきを参考に立案,修正,再構成しながら実践していくというものです。

　この実践のなかで,いくつものすばらしいドラマが生まれました。わがままでまったくルールが守れなかった子ども,けんかばかりしていた子ども,すぐ人をなぐってしまう乱暴な子ども,なかなかみんなと遊べない子どもたちが,自分のやってみたいこと,興味をもったことに全身で取り組み,しだいに保育者が手を貸さなくても,みんなで協力して遊びはじめ,自分の力で発見する喜びや,自分で体験する喜びを心から感じるようになりました。子どもたちの瞳が輝いてきたのです。それと同時に,その子どもたちの輝く瞳の本当の美しさに気づいた保育者が,日々子どもとともに変化し,子どもを信頼することの意味を知っていきました。

　いま,教育問題が深刻化しています。学級崩壊,不登校,非行の凶悪化,「キレ」る子どもなど,明るい話題が何ひとつないと言っても過言ではない時代になってしまいました。幼児期の教育の重要さが叫ばれ,行政でもその対応として幼稚園教育要領や学習指導要領の改訂など試みていますが,結果が出てくるのはまだまだ先のことになるでしょう。

　このアフタースクールの子どもたちは生き生きと生きています。保育者も保育する喜びを子どもたちから学びました。まさに,「子

どもはせんせい」です。これからの日本を担う子どもたちのよりよい成長と幸せを願い，今までの枠から一歩踏み出した保育実践の記録を紹介することにします。この記録のなかにきっと新しい発見があるはずです。制度が教育を支えているのではありません。教育は教育に携わる「人」が自ら創っていくものなのですから。

　最後に，この保育実践をまとめるにあたり，ご協力いただいた子どもたち，保護者のみなさま，アフタースクールの先生方および園長先生，きりん幼稚園の園長先生，ベネッセコーポレーション・チャイルドケア事業部のみなさまに厚く御礼申し上げます。加えて，筑波大学の，田上不二夫先生，杉原一昭先生，國分康孝先生をはじめとした諸先生方に，感謝申し上げます。このような視点から，子どもたちを見つめられるようになったのも，先生方のご指導のおかげだと思っております。子どもたちのために書いた私の応援歌をいっしょに口ずさみましょう。

　最後に，この本の出版にご助力いただいた北大路書房の営業部・中岡良和さんと編集部・田中美由紀さんに心より感謝いたします。

2001年1月

冨田　ひさえ

目　次

はじめに
第1章　子どもの瞳が輝いた瞬間(とき) ―― 2

1．テーマ保育ってたのしい ―― 4
　（1）はじめはとまどいの連続　4
　（2）子どもたちが変わってきた　6
　（3）これがぼく，わたしの地球　7
　（4）保育者も変わってきた　11

2．アフタースクールって？ ―― 13
　（1）広い子育て支援のために　13
　（2）テーマ保育の導入　15
　（3）アフタースクールの特徴　16

第2章　預かり保育とは？――その現状と問題点 ―― 18

1．預かり保育出現の背景と保育・教育行政の流れ ―― 20

2．規制緩和・幼保一元化の動きと預かり保育 ―― 24
　（1）規制緩和の現状　24
　（2）幼保一元化　27

3．データからみる預かり保育の現状 ―― 28
　（1）預かる側の態勢の問題は？　28
　（2）おかあさんたちがいま望む預かり保育とは？　30

4．預かり保育がいまかかえる問題点 ―― 34
　（1）システム優先傾向　34
　（2）私立幼稚園の生き残りアイテム傾向　34
　（3）規制緩和の功罪　35
　（4）実際のニーズとのずれ　36

第3章　子どものパワーが引き出された——アフタースクールの実践から —— 38

1. 何が変わったのか ———————————————————————— 40

(1) 環境が変わった　40
- ① 保育の環境とは　40
- ② アフタースクールでのカリキュラム変革のコンセプト　41
  - ◆コンセプト成立まで◆　41
  - ◆コンセプト実現のための環境構成◆　45
- ③ テーマ保育の導入　46
  - ◆テーマの選定◆　47
  - ◆創造性のプロセスとテーマ保育◆　48
- ④ テーマ保育の具体的な内容　51
  - ◆アフタースクールで実施したテーマ保育「地球」◆　51
- ⑤ 保護者との連携とフィードバック法　55

(2) 子どもが変わった　55
- ① 子どもの発達とは，子どもにとっての遊びとは？　56
- ② アフタースクールでめざした人間像と子ども像　58
- ③ 子どもの何が変わった？　59
  - ◆一人ひとりがじっくりと育った－個々の育ち◆　59
  - ◆みんながいっしょに育った－共生を通しての育ち◆　66

(3) 保育者が変わった　71
- ① 保育者の気づき——目からウロコが落ちた瞬間　71
- ② 保育者の何が変わった？　76
  - ◆子どもと遊べるようになった◆　76
  - ◆本気で遊べるようになった◆　78
  - ◆子どもを信じることができるようになった◆　79
  - ◆なぜ変われたのか◆　81
- ③ アフタースクールの保育者が心がけたこと　82

2. パラダイムの変革とその意義——なぜ変わったのか ———————— 84

(1) カリキュラムからの解放が環境を変えた　84
- ① カリキュラムとは　85
  - ◆幼稚園教育要領における指導計画◆　85
- ② カリキュラムの落とし穴　88
  - ◆言葉に潜む罠◆　88
  - ◆保育者主導・カリキュラム主導◆　89
  - ◆パターナリズムとその危険◆　90

③　アフタースクールでのカリキュラムのパラダイム　92
　　　　◆時系列の転換◆　92
　　　　◆個から集団へ◆　94
　　　　◆子どもの姿からねらいへ◆　95
　(2)　体験から得る真の喜びが子どもを変えた　96
　　　①　体験から学ぶ　97
　　　　◆体験が減った子どもの生活◆　97
　　　　◆非現実性の台頭◆　97
　　　　◆体験から学ぶこと◆　98
　　　②　古くて，実は新しいパラダイム　99
　　　　◆歴史の中での体験教育◆　99
　　　　◆本物の体験とは◆　100
　　　③　アフタースクールでの体験のパラダイム　102
　　　　◆本物の素材◆　102
　　　　◆本物の体験◆　104
　　　　◆自分で発見する，考える，自分で決めることの価値の検討◆　106
　(3)　子どもからの学びが保育者を変えた　109
　　　①　従来の保育者像　110
　　　　◆ステレオタイプの保育者像◆　110
　　　　◆見えにくい保育の価値◆　111
　　　②　アフタースクールでの保育者のパラダイム　112
　　　　◆子どもは自分で育つ◆　112
　　　　◆子どもが教えてくれた◆　113
　　　　◆人として，女性・男性として，援助者として◆　115
　(4)　パラダイムの変革とその意義　116

第4章　新しい預かり保育への提言　124

1．これから求められる預かり保育　126

　(1)　世界の保育と日本の保育の比較（預かり保育の視点から）　126
　(2)　世の中が変われば，保育も変わる　133
　　　①　変わるもの変わらないもの　133
　　　②　子どもの問題は日本の問題　135
　　　③　子どもをたいせつにした保育とは　136
　　　　◆子どもの権利条約◆　136
　　　　◆子どもをたいせつにした保育とは◆　138
　(3)　これからの預かり保育の課題と役割　139

① 子どもの健やかな成長の場として　139
　◆健康な生活◆　139
　◆安全で快適な生活◆　140
　◆豊かな生活◆　141
② 子どもがともに育ち合う場として　142
　◆一人ひとりの育ちを支える◆　142
　◆子どもと子どものかかわりを育てる◆　143
③ 母親を支援する子育てセンターとして　145
　◆保育を感じる，知る◆　145
　◆保育を学ぶ，楽しむ◆　146
　◆いっしょに育つ◆　147
　◆子どもの生活をいっしょに支える◆　148

2．豊かな「保育」実践のために ─────────── 149

(1) 豊かな保育実践のために　149
　① はじまりは気づきから　149
　② 私たちにできること　151
　　◆保育者にできること◆　151
　　◆社会ができること◆　152
(2) この保育に携わった方々からの声　154

子どもはせんせい

育ての心

　自ら、育つものを育たせようとする心。それが育ての心である。世にこんな楽しいことがあろうか。それは明るい世界である。温かい世界である。育つものと育てるものが、互いの結びつきに於いて楽しんでいる心である。

　育ての心。そこには何の強要もない。無理もない。育つものの偉きな力を信頼し、敬重して、その発達の途に遵うて発達を遂げしめようとする。役目でもなく、義務でもなく、誰の心にも動く真情である。

　しかも、この真情が最も深く動くのは親である。次いで幼き子等の教育者である。そこには抱く我が子の成長がある。

　日々を相触るる子等の生活がある。斯うも自ら育とうとするものを前にして、育てずしてはいられなくなる心、それが親と教育者の最も貴い育ての心である。

　それにしても、育ての心は相手を育てるばかりではない。それによって自分も育てられてゆくのである。我が子を育てて自ら育つ親、子等の心を育てて自らの心も育つ教育者。育ての心は、子どものためばかりではない。親と教育者とを育てる心である。

　　　　　　　（倉橋惣三「育ての心」より）

第1章

子どもの瞳が輝いた瞬間(とき)

　この章では，アフタースクールでの新しい取り組み－テーマ保育を中心にすえた実践の中で起こった保育者と子どもの生の姿を紹介します。保育中の子どもたちと保育者の会話を中心に，刻々と変化する子どもたちの気持ち，興味や関心，それに寄り添って子どもたちとともに考え，発見し共感しながら，援助している保育者の心の動きを紹介します。アフタースクールの子どもたちの瞳の輝きを感じてください。

子どもの目

　いつも真正面から，真直ぐに相手を見る目。いつもあからさまに自分をさらけ出して，心の隅まで隠すところのない目。

　いつも一ぱいに見開いて，しっかり物そのものを見つめる目。いつも新鮮さに冴えて興味の心に輝く目。

　いつも柔らかいなつかし味を湛えている目。人の心の明るさを受けて明るく，自らもまた容易に，相手の心の中に溶けてゆこうとする目。

　それよりもなお，なんという清さに澄んでいることぞ。曇りもなく，濁りもなく，たとえばこの頃の澄んだ空の清さを，そのまま人界に落とし来たったような目。

　それが子どものめである。
　　　　　　　　　　　　　　　　　　（倉橋惣三）

1 テーマ保育ってたのしい

　新しい取り組み，テーマ保育の第一歩が1999年11月１日からスタートしました。テーマは「地球」。従来の保育カリキュラムからは思いもつかない，とてつもなく大きなテーマに向かって，保育者と子どもたちは思いきり遊びを展開していきました。

(1) はじめはとまどいの連続

そのねらいは……「地球って知ってる？」でした。

〈子どもと私の初日〉…保育者の記録から

　1999年11月１日……それは，私にとっても，子どもたちにとっても忘れられない日，創造性教育，つまりテーマ保育の初日です。
前日まで，こうしよう，ああしようと保育の流れを頭の中で想像し，さあ当日です……
みわ先生「ねえ，みんな，地球って知ってる？」
かずくん「知ってるよ，ぼくたちが住んでいる所！」
たかくん「ちがうよ，人間が住んでいる島」
　子どもたちの反応にほっと一安心。
みわ先生「じゃあ，どんな形だと思う？」
れいなちゃん「丸い！」
たかくん「三角！かな？？」
　そして子どもたちの目の前に
地球儀を持ってきました。
みわ先生「これ，知ってる？」
かずくん「地球儀！」
まさえちゃん「丸いやん」

「ぼくの知ってるくに，あるかな？」

第1章　子どもの瞳が輝いた瞬間　　5

　保育室に地球儀は前からあったのですが，それほど気にかけたことがなかったのか（保育者の私自身も含めて……）初めて地球儀を目にしたかのように，子どもたちの顔がぱっと明るくなりました。
みわ先生「ねえ，みんなが住んでいる国は？」
子どもたち「日本！」
みわ先生「じゃあ……どこにあるのかなあ……」
たかくん「知ってる，知ってる」
と前に出てきてさがしだす。負けずにかずくんも出てきてさがしだす。大きな世界地図も広げて見せながら
みわ先生「じゃあ，みんなで見つけてみよう」
　いっせいにその場から離れ地球儀，世界地図に群がる子どもたち。と思ったのはつかの間で……一人イスに座り楽しくなさそうにしているあやちゃん。
みわ先生「ねえ，こっちに来て，いっしょにみようよ」
あやちゃん「いい！」
　他の子どもたちがワイワイと盛り上がっているなかで，最初のつまずきでした。どう声をかけても気乗りしないあやちゃん。私の中で不安が広がりました。その時あやちゃんがグアム旅行に行ったことがあるのを思い出しもう一人の保育者であるかおり先生が……
かおり先生「あやちゃんが行ったグアム教えてよ」
　この一声であやちゃんの曇っていた顔がパッと明るくなりました。
あやちゃん「うん」
　と地球儀を回しはじめました。
あやちゃん「先生あった，ここだよ！」
　そして，あやちゃんはグアムでの経験を事細かく話しはじめたのです。それからは，保育者が声をかけなくても，みんなといっしょに知っている国を黙々と探しだしました。

この国探しはずいぶんと長い時間（30分以上）続きました。こんなにも同じ活動に子どもの興味が続くのには驚きました。
さらに、地球の絵が描かれているビーチボールを見せると、大喜び。うまくいくと思いました。

しかし、新たなつまずきにぶち当たったのです。
国探しに飽きはじめた数人の子どもたちがボールを投げたり、蹴ったりして遊びはじめて……。
（しまった）と思いました。
そして、あせって止めに入ったり、声をかけ、何とか前日までに思い描いていた活動にもどそうと必死になっている自分がいたのです。
（こんなことで、テーマ保育…うまくいくのだろうか）
手さぐりの1日は終わりました。不安とあせりが胸の中に広がっていくのを感じました。

(2) 子どもたちが変わってきた

「地球」のテーマ保育がはじまったころは、そのテーマの大きさに子どもたちも保育者もとまどいながら、試行錯誤をくり返し、たくさんの経験を積み重ねてきました。地球儀や地図でいろいろな国をさがす遊びも何日も続きました。そして、新しい国の名前を見ては「どんな国だろう？」と想像したり、「どんな人が住んでいるの？」「何を食べているのかしら？」いっぱいの不思議を自分たちで調べたり、実際に食べたり、着たり……。

いつのまにか世界のレストランが開店し、町作りがはじまり、「いろいろな国にいこう！」と乗り物作りが展開していったりと、楽しい遊びがどんどん広がっていきました。

友だち関係も変化しました。なかなか遊びに入れなかったり、地

球に興味を示さなかった子どもたちも、いつのまにかいっしょにひとつの目標に向かって協力して遊べるようになっていました。

　そして……テーマ保育がはじまってから1か月がたちました。

(3) これがぼく，わたしの地球

　1999年12月，アフタースクールに地球バルーンがやってきました。
　テーマ「地球」もいよいよ終盤をむかえ，自分たちの地球をつくろうということになりました。子どもたちは大きなバルーンを地球に見たて，目をまるくして，その瞳をキラキラ輝かせて夢中になって遊びを展開していきました。

> **★大きなバルーンを目にして★**
> 〈12月1日〉
> 　ビニール製の直径2メートルのバルーンを保育室に置いておきました。
> 登園してきた子どもたちは……。
> かずくん「うわぁーすごい!!」
> あやちゃん「何それ？　風船みたい！」
> みわ先生「風船みたいやね。何だと思う？」　　「うわー，大きい，すごーい」
> れいなちゃん（荷物を置かずにバルーンに飛びつき遊びはじめる）
> さらちゃん「すごーい！」
> （バルーンについているひもを引っ張り，ひとりで遊びはじめる）
> かおり先生「すごいよね」
> みんながバルーンに群がり遊びはじめました。
> かずくん（紙を細くまいてバットに見立て，バルーンとは関係ない野球をはじめる）

「ころがしてみようか」

　この日は、地球をつくることよりバルーンと思い切り遊んでもらおうと思って、
かおり先生「先生がピッチャーしようか？」
かずくん「よーし、ホームランを打つぞ！」
かおり先生「投げました！」
　　　　　数人の男の子たちが加わり大騒ぎになりました。
みわちゃん（今日から登園なのでとまどっている）
みわ先生「びっくりした？　おおきいもんね。ちょっとだけいっしょにさわってみようか？」
あやちゃん（バルーンに空気を入れて楽しんでいる）
みわ先生「あやちゃんは空気入れがおもしろい？」
かおり先生「この大きなバルーンに空気入れるのたいへんだったんだよ」

「地球があがるー、地球がさがるー」

　その後、大きなバルーンを保育者は子どもたちといっしょに転がしたり、けったり……。
　この日は1日バルーンにふれて遊びました。

★バルーンであそぼ★

〈12月3日〉
　登園してきた子どもたち。
まだバルーンが収納のため天井につり下げてあったので、けんたくん、たかくん、まさえちゃんたちはぶら下がっているバルーンにさわりたくて飛びついていました。
けんたくん「すごーいや」と巨大バルーンにおおはしゃぎ。

第1章　子どもの瞳が輝いた瞬間　　　9

たかくん「おとな対子どもでバレー，サッカーしよう」と提案。
みわ先生「やろう，やろう。野球？　バレー？」
　さっそく男の子たちは転がしたり，けったり……。
まさえちゃん（みんなといっしょにバルーンを転がしたり，けったりして遊んでいる）
れいなちゃん（バルーンに今日は興味を示さない）
かおり先生「れいなちゃん，今日はバルーンで遊ばないの？」
れいなちゃん「いい」
あきちゃん（れいなちゃんといっしょに別のおもちゃで遊んでいるが時々バルーンが気になり近づくが，さわれない）
かおり先生「あきちゃん，いっしょにしない？」
あきちゃん「こわい。なんだかいや」

「ぼくは，バナナのくにをつくったよ」

けんたくん「ぼくたちや先生より，ずっと大きいね」
　バルーンで思う存分遊び，みんな満足そうな表情をしていたので，
みわ先生「そうだね。ねえ，日本を作ってみたら？」
たかくん「うん，そうだね」
　と先頭をきって，バルーンに紙を貼りはじめる。
みわ先生「何作っているの？」
たかひろくん「南極と福岡，長野，北海道のできあがり！！」

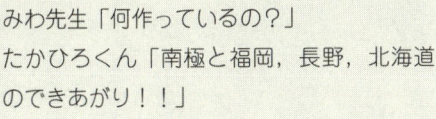

「湖も作ったよ」

「グリーンランド，つくろうかな」

けんたくん（緑のコンタクトペーパーを広げ）
　　　　「グリーンランドをつくろーっと」
みわ先生「けんたくんはグリーンランド作るとね。たかくんの国よりも大きいね。だれが住んでるの？」

けんたくん「ともだち」
　どうしようか迷っているまさえちゃんが気になったので,
かおり先生「まさえちゃんの好きなハート
　　　　　　やリボンこのバルーンにつけた
　　　　　　らかわいくなるんじゃない?」
まさえちゃん（保育者といっしょにハート
　　　　　　やリボンの形を切りバルーン
　　　　　　に貼りながら）

「わたしは，リボンのくによ」

　　　　　「お花の国！」
と満足そう。
あやかちゃん（まさえちゃんに影響されて）
　　　　　「リボンの国つくろう」
と作りはじめる。
れいなちゃん「アメリカのパイナップル作りよると」
　　　　　「タコスも作ったと」（少しでもみんなとちがう物つく
　　　　　　りたい！）
みわ先生「いろんなもの作ったとね。貼ってみる？」
あきちゃん「わかんなーい」

「ここに貼ったら？」「どうしょう？」

　　　　　と言っていたが, そっと見守っていると, 赤
　　　　　のコンタクトペーパーで花を切りはじめる。
　　　　　かっちゃん（黒のコンタクトペーパーを切
　　　　　　りはじめへびを作る）
　　　　　　　「へびよー, へびよー, へびさ
　　　　　　　　んよー」
　　　　　と持って走り回っている。
みわ先生「かっちゃん, へびさん貼る？」
かっちゃん「へびよー, へびさんよー」

と貼りたくないようすで走りつづけていました。

　かっちゃんのテーマ地球はバルーンにへびを貼ることではなく，遊ぶことなのだと思い，見守りました。

たっくん（保育者といっしょに動物，恐竜の国を作りはじめる）
　　　　「アフリカ作ったよ」
かおり先生「すごいね。たっくんアフリカ知ってたの！」
　　　　「ここは，砂漠で，ここは海」
かおり先生「大きな海だね」
たっくん「怪獣もいるんだよ」
　とペンで描きはじめる。
かおり先生「先生も怪獣いっしょにつくろかな」

(4) 保育者も変わってきた

　地球バルーンで子どもたちは思いきり自分たちの地球を表現していました。子どもたちとともにこの1か月歩んできた保育者の記録を一部紹介します。

〈地球バルーンと子どもたち〉…保育者の記録から

　いよいよ地球の活動のメインともいえる直径2メートルもある巨大バルーン登場。送られてきたバルーンの大きさに子どもと同じくらい私たちも驚きました。この2メートルのバルーンに空気を入れなくてはいけません。しかも足踏み式の空気入れ。1時間，2時間と足踏みして空気を入れてもびくともしません。子どもたちに見つからないようにと工夫して4日間かけてやっとバルーンをふくらますことができました。そして，子どもたちの前にバルーンが登場する日。足踏み式の空気入れで一生懸命ふくらませた保育者の苦労は報われるのか，子どもたちは喜んでくれるのかという心配をふきとばすほど，すぐにバ

ルーンに飛びついてくれた子どもたち。
「うわぁーすごーい」「ぼくたちや先生よりもずっと大きいね」などなど子どもたちの驚きの声。そして、バルーンでの遊びが始まりました。遊び方も子どもによってさまざまでした。バルーンに体当たりする子ども、野球に見立てバットを紙で作り大きなバルーン相手に野球をはじめる子ども、バルーンで遊ぶより空気入れを楽しむ子どもなど。ひとしきり遊んだあとに「実は、このバルーンがみんなの地球になるんだよ」というみわ先生の言葉を聞いて、アフタースクールの地球作りがはじまりました。

　いちばんたいへんだったのは、バルーンの収納方法でした。幼稚園のホールの一部でアフタースクールが実施されているので、幼稚園が開園している時間帯はバルーンをホールに置いておくことができません。そこで、バルーンをビニールに包み、ホールの天井近くにつるすことになったのです。バルーンに貼った子どもたちの作品が壊れないようにと、大きなビニールシートで包み、紐をかけつり上げる。保育者が2人がかりで「はぁーはぁー」言いながら、つり上げている苦労をよそに、子どもたちは「うわー、地球があがっていく！」「うわー、地球が落ちていくー！」ととても楽しそうでした。

　アフタースクールの地球作りでは、やはり今までの活動で世界地図や地球儀を見ていた影響か、「グリーンランドを作ろう」「ホワイトランドができたよ」「リボンやお花の国よ！」と、どの子どもも「国」を意識して楽しんでいました。ここでおもしろいなと思ったのは、活動の前、アメリカ、ブラジル、ハワイ、オーストラリアなど実在の国々がたくさん子どもたちの口から出ていたのですが、バルーンに貼られたのは、日本（福岡）、南極、北極ぐらいで、あとはほとんどが子どもたちの想像した国でした。これが創造性保育なんだなと実感しました。2メートルのバルーンはあっという間ににぎやかになってい

き，今度は国作りが終わった子どもたちの乗り物や動物作りがはじまりました。ロケットを作ったたっくん。「ロケットは空を飛ぶから，空をバルーンに貼りたい……」と黒のコンタクトペーパーでバルーンに「空」（宇宙のつもり）を貼り，上からロケットを貼っていました。子どもたちの発想によっては，何でもありです。素材もコンタクトペーパーだけでなく，フェルトやセロハン，モールなどいろいろな素材を使い，にぎやかな地球へと変身していきました。しだいに，自分の国や自分の乗り物を作ってしまった子どもたちは，友だちの作った南極にペンギンを貼らせてあげたり，いっしょに作ったりと，みんなで作りあげる楽しさ，協力する楽しさを味わっていました。

地球が完成したとき，自分たちでこんなに大きなものを作りあげたといった達成感を保育者も子どもたちも感じることができた1日でした。

「みんなの地球，できたー」

2 アフタースクールって？

(1) 広い子育て支援のために

このアフタースクールは，福岡市にあるK幼稚園がその地域のニーズ（未就園児の援助とその指導）に応えようと，保育園（別経営）と連携して始めた新しい保育の取り組みです。幼稚園の保育時間（4時間）の枠や年齢的な制約を取り払い，すべての子どもたちの援助をしようと，乳幼児（1歳から3歳）のための施設を幼稚園敷

表1-1　アフタースクールのデイリースケジュール

時間	内容
2:00〜3:00	**順次登園・自由遊び** クラスによって降園時間がちがう 他の幼稚園からもアフタースクールに来ている子もいるのでこの時間はおもに自由遊び。だが、前日の活動をひき続きやりたいという子は活動してもOK!!
3:00〜3:30	**おやつ** おやつはバイキング形式（コップやスプーンは自分のもの） 自分が食べられるおやつを食べられる量を考えて選び、食べる。
3:30〜3:40	**サークルタイム** 出席確認、今日の日にち、お天気 前日までの活動のふりかえりと今日活動のお話
3:40〜4:30	**テーマ活動**（テーマの中で子どもたちの興味・関心に沿った活動を行う）
4:30〜5:00	**戸外遊び**（またサブ活動） ※テーマ活動を続けたい子は戸外に出ずそのまま活動をすることもあり
5:00〜	**お話**（絵本・紙しばい） **自由遊び**
6:00	**降園**

地内に併設，さらにその乳幼児施設を修了した子どもが幼稚園に就園したのちに生活できる預かり保育施設として園内に開設したものです。幼稚園の通常保育終了後（一般的には午後2時ごろ），幼稚園内にあるこのクラス（アフタースクール）に移動し，夕方，保護者が迎えにくるまで幼稚園の保育内容とはちがったカリキュラムで，保育施設の担当保育士が子どもを保育しています。

幼稚園に子どもを通わせているおかあさんから「ゆくゆくは仕事を始めたい」「同じ時間預かってくれるのなら，よく知っている幼稚園で預かってもらいたい」という声を聞くことも多くありました。保育所という形態ではなくても，幼稚園終了後の子どもの遊ぶ場所（預かり保育）へのニーズの高さ，同じ幼稚園にかかわりのある施

設（乳幼児施設）できょうだいを預かってもらえれば安心という声を受け，より広い子育ての支援をめざしてスタートしたのです。

(2) テーマ保育の導入

　アフタースクールが開設されてから5年がたっていました。アフタースクールでは，各家庭の事情に合わせ，週1回だけ利用の子どももいれば，週3回，週5回利用する子どももいて，登園してくるメンバーも子どもの数もそして子どもの年齢も毎日ばらばらで，みんなでじっくりと遊びに取り組めるような活動がなかなか見つかりませんでした。カリキュラムも，遊びの流れや活動の流れ，発達の個人差などを考慮して週単位で立案するのですが，週1回しか利用しない子どもは遊びについていけなかったり，逆に週5回利用する子どもはすっかり飽きてしまっていたりと，遊ぶ楽しさをみんなで共有できるような援助がむずかしく，結局何か作らせるような「やらせ的」「保育者主導型的」保育カリキュラムに陥りがちでした。子どもたちの遊びもカリキュラムの内容にもマンネリ化がみられ「このままでいいのだろうか？」と保育者たちの悩む日々が続いていました。

　幼稚園でのカリキュラム外のせっかくの「自由な場・時間」です。従来の保育の枠組みにとらわれずに，子どものみずから育つ力をたいせつにしたいと思うのに，結局，自分たちの立てたカリキュラムや「子どもがああなるだろう，こうなるだろう」といった予測に縛られてしまう毎日。旧来のカリキュラムや保育の固定概念から抜け出せずにいました。

　このようなジレンマの中で，もう一度保育を根本から見直したいという気持ちが保育者に起こりました。それまでの保育を保育者全

員で振り返り，問題点を明確にしていきました。思いきって新しい切り口から保育を考えてみようと，何回もカンファレンスをもちました。そして選んだのが，このテーマ保育だったのです。

テーマ保育とはどんなものか，また冒頭に紹介した子どもの生き生きとした活動力をこの実践がなぜ引き出せたのかは，第3章で詳しくお話しすることにします。

(3) アフタースクールの特徴

このアフタースクールの大きな特徴は「個々の育ちをたいせつにする」「異年齢のかかわりを通して育ち合う」「じっくり取り組める保育内容（テーマ保育）」です。

また，どの年齢，どんな個々の興味や関心にも対応できるような環境設定を心がけています。その環境設定は図1-1に示してあります。

アフタースクールで使用しているロッカー（教材や遊具が入っている）にはすべてキャスターがついていて，その日，その時の子どもたちの活動に合わせて手軽に移動できるようになっています。小さなコーナーに仕切りたい時はロッカーを移動し仕切ることも可能です。また，思いきり広い場所で大きな表現や動きが必要な時はロッカーを壁に寄せることもできます。遊びの内容に応じてコーナーもいろいろ変化させられるようになっているのです。このように，環境を自由自在に保育者と子どもでコーディネートできるフレキシビリティーもアフタースクールの特徴のひとつといえるでしょう。

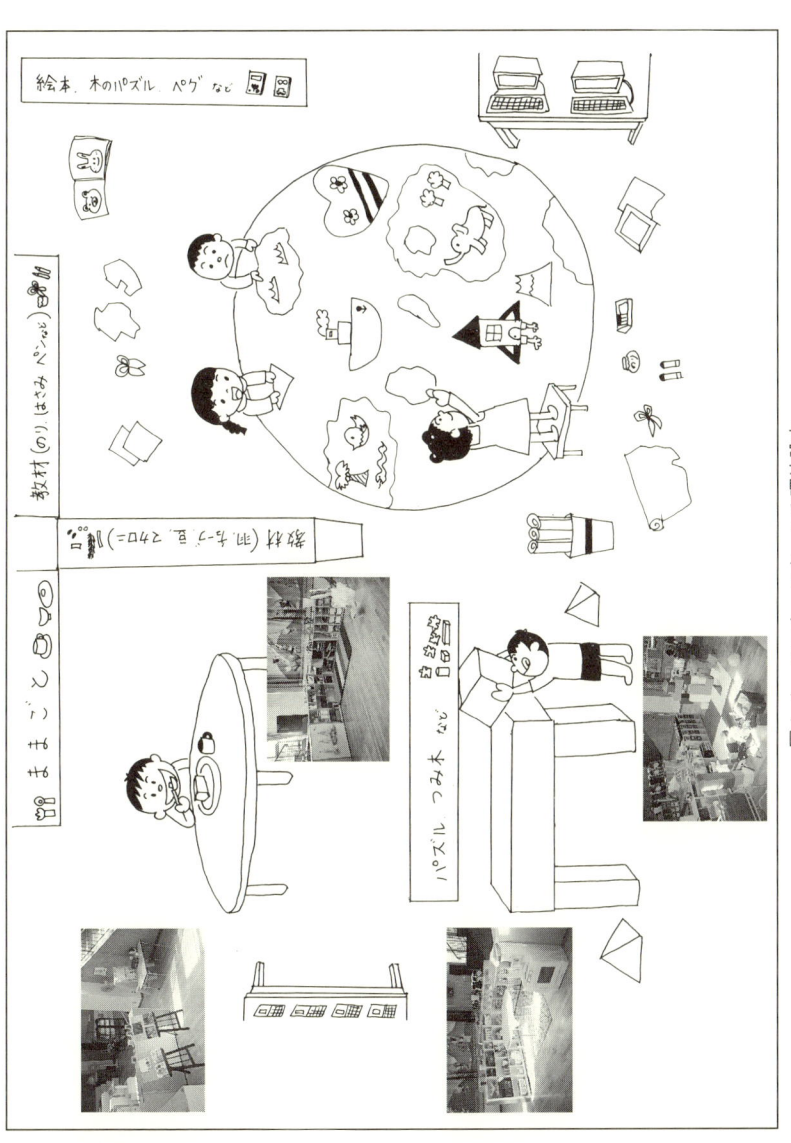

第1章 子どもの瞳が輝いた瞬間 ―― 17

図1-1 アフタースクールの環境設定

第2章

預かり保育とは？
―その現状と問題点

　この本の「アフタースクール」の取り組みは，「預かり保育」の一つとしての保育実践です。では，預かり保育とは？いったいどんな経緯で生まれてきたのでしょうか，いまどんな状況にあるのでしょうか。その意味づけ，問題点などは？

　この章では預かり保育についてまとめてみることにしましょう。

人間教育

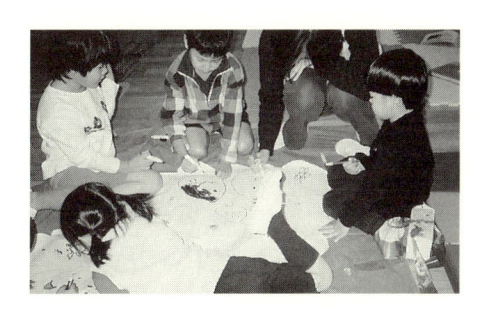

　人間を人間へ教育しつつあるということは、われ等の、一日も一刻も忘れてならないことである。また此の信念に於いてのみ、われ等の日々の業務がほんとうに意味づけられる。或いは、この故にこそわれ等自身が生命づけられるというものである。

　教育の必要性を、それぞれの方面と部面とに於いて、いろいろに主張する論もある。しかし、われ等の責任感の出発も帰結も、此の教育大本の自覚によって始めて厳かである。子どもと倶に嬉々としてあそび暮しつつ、人間教育の厳かさに生きるもの、それが幼児教育者である。

（倉橋惣三）

1 預かり保育出現の背景と保育・教育行政の流れ

　まず，預かり保育が社会的に認知されるまでの流れについて少し詳しく見ていきたいと思います。

　預かり保育は，日本の社会構造の急速な変化，都市化，核家族化，少子化などによる家庭教育や保育機能の支援，補完，修復の役目を果たすものとして，保育行政の規制緩和の中から生まれてきたものです。

　預かり保育という言葉がどこで生まれ，いつから使われるようになったかは，はっきりとはしていません。しかし，昭和56（1981）年の総理府の国政モニター調査によると，幼稚園の教育時間の延長や預かり保育を望む者が，73パーセントにも達していたということです。そして，同年6月「幼稚園及び保育所に関する懇談会報告」でも教育時間終了後の保育要望に対して，弾力的な運用の検討が必要であるといった趣旨の提言がされています。また，昭和62年4月には，臨教審（臨時教育審議会）の第三次答申でも，幼稚園の延長保育の必要性が指摘されています。預かり保育といった表現ではないにしても，幼稚園の保育時間延長に対する社会的なニーズは新しい課題のようで，実はかなり以前から検討されてきた課題だったことがわかります。

　このような保育に対するニーズの変化や，それまでの保育内容がもついくつかの問題点を解決しようと，平成2（1990）年から幼稚園教育要領，ならびに保育所保育指針が改定されました。この改定は幼稚園教育の根本になる考え方から，教育内容にいたるまで，旧幼稚園教育要領とはまったく色彩を異にするもので，歴史的な改定と

いっても過言ではないでしょう。その趣旨は、幼稚園教育や保育所における教育は環境を通して行われるもので、保育者が子どもに教材を用意し保育者が主導的に保育を進めるものではなく、保育者はあくまでも幼児を取り巻く環境の一部として、または、幼児の遊びを助長するために、幼児が求める環境を幼児といっしょに構成、再構成する援助者であるというものでした。つまり、幼児が主体で、幼児のみずから育とうとする力を、保育者は側面的に援助するというもので、保育者主導型保育の横行を改善しょうという趣旨に基づいていました。それまでの考え方を、真っ向からひるがえし、視点の転換を図ったものでした。

平成8（1996）年3月、地方分権推進委員会の中間報告は「女性の社会進出の拡大や就労形態の多様化、出生率の低下による児童数の減少、地域における子育ての環境の変化などを背景として幼児教育・保育に対する社会的ニーズは変化してきている。延長保育や一時保育は試みられているが、こうした変化の十分な対応となっていない」と指摘し、より明確な形で幼稚園・保育所各制度の弾力化、連携強化を図る方向を検討すべきであるという具合に変化していきました。

同年7月の中教審第一次答申でも、「女性の社会進出が進む状況に対応し、幼稚園においても保育所との目的・機能の差異に留意しつつ、預かり保育等運営の弾力化を図っていくことが必要となっている」と提言し、預かり保育の必然性と今までの幼稚園や保育所の規制を弾力的にとらえていこうという趣旨がはっきりと打ち出されたのです。この答申が出されたころから、預かり保育は保育の新しい課題として注目を浴びはじめました。それまで厳しい規制の中で、「延長保育」や「早朝保育」といった形で実施されていた幼稚園の

付加的なサービス保育が「預かり保育」として市民権を得たのです。

そして，平成9 (1997) 年1月，ついに文部大臣が教育改革プログラムの中で「国民のニーズに的確に応えるため地方分権推進委員会の勧告等も踏まえ，幼稚園と保育所の在り方を厚生省と共同で検討する」と明言し，「預かり保育は幼稚園の教育活動」としたうえで，平成9年度予算にこの預かり保育促進のための補助金が計上され，平成10 (1998) 年には「私立幼稚園に対する預かり保育実施のための特別補助の拡充」を受けて，預かり保育の予算は1億5600万円と倍増しました。公立幼稚園については，対象地域を9地域から15地域に拡大し，3700万円（前年比66パーセント）の予算がつきました。

平成10年12月に改定された幼稚園教育要領の第3章「指導計画作成上の留意事項」2－(6)では，「地域の実態や保護者の要請により，教育課程に係る教育時間の終了後に希望する者を対象に行う教育活動については，適切な指導体制を整えるとともに，第1章に示す幼稚園教育の基本及び目標を踏まえ，また，教育課程に基づく活動との関連，幼児の心身の負担，家庭との緊密な連携などに配慮して実施すること」と述べられています。「教育課程に係る教育時間の終了後に行う教育活動」とは，「預かり保育」のことをさしています。

さらに，中央教育審議会の「少子化と教育に関する小委員会」の報告の中でも，「子どもを産み育てることへの不安や負担感の解消に資する観点からも，地域の実情に応じて，満3歳に達した時点での幼稚園入園に係る条件整備を行ったり，幼稚園における預かり保育や幼児教育相談の実施等地域の幼児教育センターとしての機能を活用した子育て支援活動を推進したりすることが重要である」と述べられるにいたったのです。

このように預かり保育は平成9年の文部大臣の発言を皮切りに導

入され，私立幼稚園を中心に急速に広がっていきました。

　その背景には，働く母親の増加がありました。女性の社会進出がめざましく，結婚して子どもをもったあとも仕事を続けたいという女性がふえています。働きながら子育てをするために，保育所を利用したいと考えても，現在の保育所の収容数では対応しきれない状況がおこりました。保育所の入所待機児童が増加するという緊急課題が出現したのです。

　また，少子化も大きな要因でした。少子化の波はいろいろな問題を引き起こしました。一番大きな打撃を受けたのが教育現場でしょう。戦後のベビーブームで子どもの数が急増したために，公立の幼稚園，小学校をはじめ，学校施設がつい最近まで増設され続けた結果，今では空き教室の転用に苦慮しています。私立幼稚園では，毎年入園してくる園児の減少により経営の危機に直面している幼稚園も少なくありません。このような現状の中で，少しでもサービスを充実して園児をひとりでも多く受け入れたいと願う幼稚園の思いは十分に理解できます。預かり保育がそのサービスの目玉のひとつとして注目されはじめたわけです。

　預かり保育が行政によって正式に取り上げられたということは，以前から論議されている幼稚園と保育所の統合つまり幼保一元化の声に対して，システムは変えず弾力的に歩み寄る，幼稚園と保育所の差を小さくする，垣根を低くする試み——規制緩和の動きのひとつとも考えることができます。

　次に，この規制緩和と幼保一元化について見ていくことにしましょう。

2 規制緩和・幼保一元化の動きと預かり保育

(1) 規制緩和の現状

　幼稚園も保育所も国の認可制度があり，その認可基準をクリアしないと認可施設として機能できません。この認可を受けると，補助金などの公的な援助も受けることができるため，私立の幼稚園や保育所では認可を受けていることが経営上非常に重要なことでした。しかし，先にも述べましたが，保育所の慢性的な不足状態（母親の就労の増大）の解決のためには，預かり保育の広がりを待つだけではとても賄いきれない状態です。そこで注目されたのが，今まで無認可幼稚園，保育所として日の目を見なかった小さな施設というわけです。つまり，厳しい認可基準を弾力的に運用することで家庭や社会のニーズに応えようという規制緩和で，どんどん新しい試みがなされています。

　それではいくつかの幼稚園や保育所の取り組みについて紹介しながら規制緩和の現状を探ってみたいと思います（資料2-1）。

資料 2-1

① 横浜型保育室

　横浜市では，いち早く新しい保育システムを取り入れました。横浜市では保育所の整備の遅れにより，保育所入所待機児童が急増し，その緊急対策として平成9年度から，一定の要件を満たした認可外保育施設を「横浜保育室」と認定し，待機児童に対応しようとしたのです。その一環として，私立幼稚園も保育資源として活用する方針が打ち出され，早朝から夕方までと夏休み中の長期休業中に預かり保育を実施することにしたのです。さらに，余裕教室は横浜保育室とし，3歳以上および3歳未満児も幼稚園が

一体的に対応するという方式を打ち出しました。平成11年度においては5つの幼稚園が横浜保育室を運営しています。つまり，この方式は学校法人が収益事業として第三者に保育室を賃貸し保育事業を行うというものです。しかし，この取り組みには幼稚園側の負担も大きく，予想した成果を上げることはできませんでした。反面，幼稚園以外の運営主体からの設置意欲は旺盛なため，平成12年度からは預かり保育だけでも事業展開を可能とすることになりました。この預かり保育の規模は鶴見区，神奈川区，中区，南区，金沢区，港区で実施することになっています。保育時間は早朝午前7時から午後6時30分まで，土曜日は午後3時30分までで，夏休みなどの長期休業中でも保育を実施する予定になっています。この横浜型保育室のシステムは全国に先がけて実施された方式でしたので，この取り組みをベースに市町村といった地方公共団体レベルでの積極的な預かり保育への取り組みが展開していきました。

② 世田谷方式

東京都・世田谷区でも横浜保育室に続いて，私立幼稚園での低年齢児保育が平成11年4月からスタートしました。この取り組みを実施したのが，学校法人芳村学園・さくら幼稚園です。世田谷区も横浜市同様，待機児童が多く，このさくら幼稚園は私鉄駅の近くに位置しているという便利な立地条件下にあり，待機児童解消の切り札的存在でした。さくら幼稚園では，この4月に新築した園舎の3階を利用して，保育室を開設しました。50年の歴史を持つさくら幼稚園では，長年にわたり子育て支援の取り組みを進めてきていましたが，働きながらも幼稚園に通わせたいという母親の思いを知り，働く母親でも利用できる施設をという思いが強まっていったそうです。その一つとして，区の運営補助を受け，学童保育もすでに手がけていました。この世田谷方式は横浜型保育室のような第三者を設定する方法を取り入れず，幼稚園側の負担を少しでも軽減するため，この低年齢児の保育を学校法人の付帯事業と位置づけ，幼稚園が直接保育室を運営できるという読み替えを行ったのです。さくら幼稚園で実施した幼稚園教育以外の活動は，0～2歳児保育，3～5歳児の預かり保育，6～9歳の学童保育の3パターンです。平成11年度当初の職員体制は幼稚園の職員に加えて，

保育室の職員6人とパートの職員7人を配し，ローテーションを組み運営。保育室の保育時間は午前7時30分から午後6時30分まで，預かり保育は午前7時30分から9時30分までと午後1時から午後6時30分まででした。区からの助成を受けながらの実施だったわけですが，実際新しい形態での保育運営は職員の負担やその配置など，苦労もあったようです。新しい取り組みには必ずつきものですが，その負担を乗り越えても子育て支援を推進しようというこのさくら幼稚園と世田谷区の取り組みは注目に値するでしょう。

③ 公立保育所の空き教室を保育所に（神奈川県秦野市）

　神奈川県秦野市でも，新しい試みに取り組んでいます。世田谷区では，先に紹介したさくら幼稚園のケースの他に，中学校の空き教室を保育所の分園とする方法をとっていましたが，秦野市では公立幼稚園の余裕教室を転用し，認可保育所を開設しました。これは全国でも秦野市が初めてのケースとなりました。全国的に幼稚園と保育所を合築した保育施設を新設しようと考えている自治体が多いなかで，1階は幼稚園，2階は保育所といった複合保育施設の誕生は，幼保一元化の先駆的な試みとみることができるでしょう。この保育施設は，2階の4教室を保育室として転用し，低年齢児用のトイレや沐浴設備など改修整備し，平成11年10月からスタートしました。園児数は0歳児3人，1歳児8人，2歳児12人，3歳児12人，4・5歳児25人の60人定員でスタートとなりました。秦野市では公立幼稚園教員の採用時に幼稚園教諭免許状と保育士資格の両方を持っている人を採用してきたこともあり，人材面でのリスクは少なかったようです。しかし，新しい試みであるため，特例という位置づけで，今後も検討模索を続けることになっているそうです。

④ 千代田区のいずみ方式

　東京都の千代田区の取った方法はいずみ方式とよばれるもので，保育所は3歳未満児までを預かり，長時間保育が必要な3歳以上の子どもについては，幼稚園の特別課程（預かり保育）で受け入れるという，幼保分離方式ともよべる方法を平成11年度から取り入れていました。しかし，その後一般区民を中心に「幼稚園・保育所の連携の在り方を考える懇談会」を開

催し，区民の意見を集約したところ，幼稚園のみの利用者や長時間保育や保育所の利用者にもそれぞれに不満な点があることが明らかにされました。とくに長時間保育利用者がふえるなか，幼稚園のみの利用者が肩身の狭い思いをするなど，いずみ方式が万能ではない，もっと多様な形態をという声が多いことが明らかにされました。今後も千代田区では，この懇談会の意見を踏まえ，このような幼稚園や保育所の保護者が一同に会して話し合いを通して幼児教育を支えていくネットワークを広げていくことが考えられており，まだまだ検討中の取り組みといえるでしょう。

⑤　埼玉県杉戸町での取り組み

埼玉県の杉戸町では，町立幼稚園運営審議会が平成11年2月「21世紀を展望した杉戸町の幼児教育の在り方について～幼稚園と保育所の教育内容等の共通化（ソフト面）～」と題する答申をまとめています。そのおもな内容は幼稚園と保育所の共通理解のもとに3～5歳児の保育計画を作成していく方向を検討，さらに幼稚園や保育所の機能を拡充し幼児教育センター的な役割を果たすことや，預かり保育の検討など，幼保連携を強めていく方向が打ち出されています。そして，さらに2004年をめどに幼稚園と保育所を一体化させたモデル園をスタートさせることを決定しています。杉戸町の試みはまだスタートしたばかりなので具体的なシステムなどはさらに検討を要するのでしょうが，地方自治体レベルでの動きが急速に活発化していることがこの例からも読み取れると思います。

資料2-1で紹介した①～⑤の取り組みから，保育所入所待機児童の増加の解消という目的のもとに各地方公共団体レベルで幼稚園と保育所の垣根をそれぞれの創意工夫によって低くする努力をしていることが理解いただけたと思います。

(2) 幼保一元化

保育所の入所待機児童の増加という緊急課題の出現に伴い，規制

緩和によって，幼保一元化が必然的な問題として浮上したともいえるでしょう。以前から幼保一元化を叫ぶ声はありましたが，幼稚園と保育所とでは管轄がちがうことや，それぞれに長年にわたり相互交流はあったものの現在に至った経緯があり，垣根を取り払うのは不可能とさえいわれていました。しかしここ数年で，急速に保育所の入所希望児童がふえるという状況をうけ，間接的な形で幼保一元化が推進されることになったのです。

　このような急速な変化に伴い，紹介した取り組みのほかに，幼稚園での低年齢児保育の開始や，企業や個人経営による無認可保育所や幼児教育施設の躍進など，幼児教育は急速な変化の渦中にあります。多種多様な取り組みのなかで，本当に子どもたちの幸福にとってたいせつなことは何かを常に問い続けなければ，道を誤る危険性もはらんでいるように思えてなりません。

③ データからみる預かり保育の現状

（1）預かる側の態勢の問題は？

　こうした規制緩和の動きのなかで，とくに私立幼稚園が注目しているのが預かり保育というわけです。次に，預かり保育についての調査の一部を紹介しながら，その現状についてみてみましょう（文部省「預かり保育等に関する調査結果―1997年8月1日現在」，全日本私立幼稚園連合会による「預かり保育の全国調査」の2種類より）。

◆1　預かり保育実施幼稚園の推移◆

　預かり保育はとくに私立幼稚園で急速にふえています。1993年度の調べによると，公立318園，私立2541園であったのが，1997年度では公立330園，私立3867園となっています。実施率の高い県別では1位宮崎県（84.1%），2位熊本県（81.1%），3位佐賀県（80.6%）と上位3位は九州勢が占めています。それに反して，今後実施予定がない園の比率が高い県は，1位京都府（50.5%），2位愛知県（50.0%），3位千葉県（48.6%）でした。就園率の低い県で実施率が高い傾向を示しているという特徴もみられました。

◆2　保育時間（実施日）◆

　預かり保育の実施日は週5日実施園は1370園（35.4%）で，私立幼稚園の場合ほとんどの園が週5日実施しています。また，預かり保育の終了時間の傾向をみると，ほとんど保育所なみで，午後4時～5時が1620園，5時～6時が1585園，6時～7時までと回答した園は187園で，保育時間は4時～6時までが82.9%とほとんどを示していました。

◆3　保育料◆

　預かり保育の保育料は1993年度では公立では32.7%，私立幼稚園は83.7%が徴収しており，1997年度になると公立は47.9%，私立幼稚園は89.4%とさらに数字が伸びて，この数字からみれば保護者の負担がふえていると考えることができます。各幼稚園ごとには，保育料の設定に工夫をこらしているようですが，実際の経営から考えれば，保育料を徴収せざるを得ないのが実情でしょうから，公的な助成が保育所なみに必要な時期が遅かれ早かれ訪れることになるでしょう。

◆4　保育者の状況◆

　全私幼の調査では，「専任の教員がいますか？」の問いに「いる」と回答した幼稚園は，44.7%で約半数，「いない」と回答した園は54.7%と半数を少し上回っていました。また，人的な確保についての質問では，確保を行わなかった2426園（62.7%）は，副担任等担任を持たない教諭が担当したり，教職員のローテーションで補ったりしているという結果でした。新たに人員を確保した幼稚園においても，常勤者（42.8%），非常勤（45.5%）と，間に合わせ的な対応が目につきました。

この資料から見るかぎり、預かり保育はまだまだ未開の分野であり、スタートしたばかりなので幼稚園の付録的な存在として実在するだけで、保育内容などの工夫にまで至っていない幼稚園が多いというのが現状のようです。

(2) おかあさんたちがいま望む預かり保育とは？

一方、預ける側のニーズはどうでしょうか。幼稚園、保育所に通園している保護者に、今後の預かり保育に望むことについてたずねた調査からみてみましょう（ベネッセチャイルドケアセンターの調査による）。

◆1 幼稚園でも保育所なみに預かってほしい◆

保育所の利用時間と幼稚園の預かり保育利用時間にはギャップがみられます。そのために、現在の預かり保育ではフルタイムで働いているおかあさん方は利用できないのが現状のようです（図2-1a、b）。

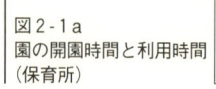

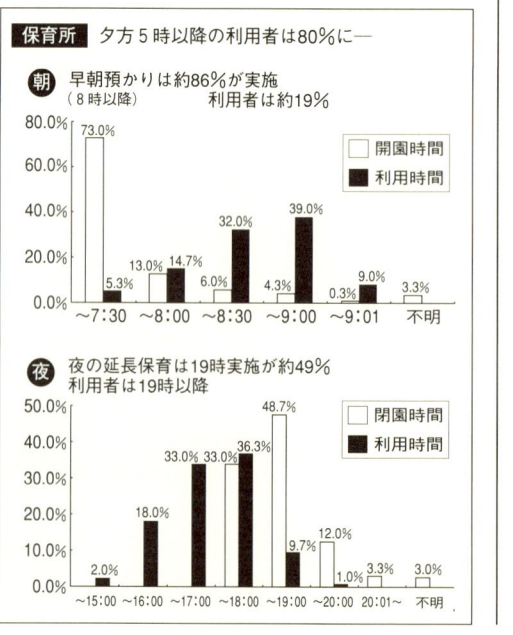

保育所 夕方5時以降の利用者は80％に―

朝 早朝預かりは約86％が実施
（8時以降）　利用者は約19％

時間	開園時間	利用時間
～7:30	73.0%	5.3%
～8:00	13.0%	14.7%
～8:30	6.0%	32.0%
～9:00	4.3%	39.0%
～9:01	0.3%	9.0%
不明		3.3%

夜 夜の延長保育は19時実施が約49％
利用者は19時以降

時間	開園時間	利用時間
～15:00	2.0%	
～16:00		18.0%
～17:00	33.0%	33.0%
～18:00		36.3%
～19:00	48.7%	9.7%
～20:00	12.0%	1.0%
20:01～	3.3%	
不明	3.0%	

図2-1a
園の開園時間と利用時間
（保育所）

第2章 預かり保育とは？　31

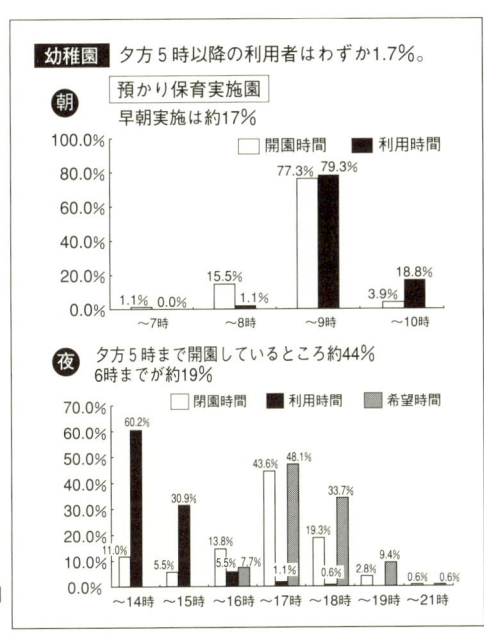

幼稚園　夕方5時以降の利用者はわずか1.7%。

朝　預かり保育実施園
早朝実施は約17%

□ 開園時間　■ 利用時間

~7時: 1.1%, 0.0%
~8時: 15.5%, 1.1%
~9時: 77.3%, 79.3%
~10時: 3.9%, 18.8%

夜　夕方5時まで開園しているところ約44%
6時までが約19%

□ 閉園時間　■ 利用時間　▨ 希望時間

~14時: 11.0%, 60.2%
~15時: 5.5%, 30.9%
~16時: 13.8%, 5.5%, 7.7%
~17時: 43.6%, 1.1%, 48.1%
~18時: 19.3%, 0.6%, 33.7%
~19時: 2.8%, 9.4%
~21時: 0.6%, 0.6%

図2-1b
園の開園時間と利用時間
（幼稚園）

◆2　現在の預かり保育では利用できない（要望に合っていない？）◆

　預かり保育の利用状況及び利用希望は、毎日の利用者はとても少なく、年数回の利用者が過半数以上という点をみても、働くおかあさんは利用しておらず、専業主婦の子育て支援システムとしての機能のほうが色濃く出ているように感じられます。つまり、望んでいる預かり保育が現状で

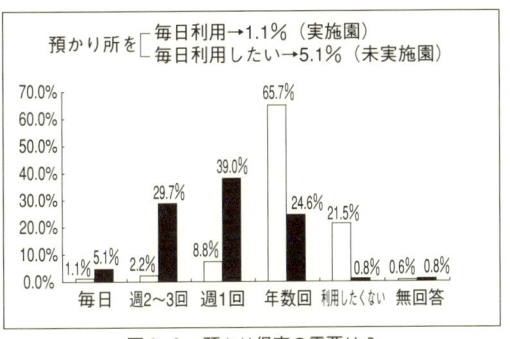

預かり所を　毎日利用→1.1%（実施園）
　　　　　　毎日利用したい→5.1%（未実施園）

毎日: 1.1%, 5.1%
週2~3回: 2.2%, 29.7%
週1回: 8.8%, 39.0%
年数回: 65.7%, 24.6%
利用したくない: 21.5%, 0.8%
無回答: 0.6%, 0.8%

図2-2　預かり保育の需要は？

は実現されていない,現状では利用できないということなのでしょうか。
(図2-2)

◆3　預かり保育への要望は◆

預かり保育への要望は,低料金や長時間保育,送迎などのサービス,小人数保育,内容の考慮などでした。これから必要とされる預かり保育の姿が読み取れるます(図2-3)。

低料金	「保育料が2時間(14〜16時まで)で800円は少し高い気がする」	「低料金で利用しやすくしてほしい」
時間延長/長期間保育	「保育時間が短い割に料金が高い」	「下の子どもが今春から入園するので仕事をしたいと思っているので19時くらいまで預かってもらえると余裕を持って迎えに行ける」
夏・春休み運営	「早期預かりを実施してほしいのと時間を延長してほしい」	「夏休み中など長期休暇期間も利用できると助かる」
送迎バス利用	「園のある日は毎日してほしい」	「通常はバス通園なのですが延長保育の場合,園まで迎えに行かなくてはならないのが不便」
通常との異なる内容	「通常保育ではできないプラスαを期待」	「通常保育では見切れない分,小人数の預かり保育でひとりひとりの話を聞いてあげてほしい」
少人数交流	「女の子向きにバレエやピアノ教室をやってほしい。また英会話,スイミングを実施してほしい」	「1つの部屋に集めて遊ばせている状態なのでもう少し考えてほしい」
内容充実	「何か習い事をしながら保育してほしい」	「縦割の保育で年齢のちがう子どもと遊ばせてほしい。また,園外で遊ばせたい」

図2-3　預かり保育への要望

◆4　希望する預かり保育のタイプは実体験型◆

預かり保育のタイプを6つ設定して,どのような保育を望んでいるのかをたずねたところ,保育所利用者も幼稚園利用者も同じように子どもの実体験をたいせつにし,個々に即した指導と,子どもの自発性の尊重を望む傾向がみられました(図2-4)。

	0.0%	10.0%	20.0%	30.0%	40.0%

1位 実体験をしながら子どもが何事にも興味をもつ保育　32.7%

2位 子どもの自発的な活動に合わせた自由保育　30.3%

3位 子どもの個性を引き出し感性を豊かにする保育　22.7%

4位 子どもの関心に合わせて習い事が選択できる保育　7.7%

5位 楽しみながら子どもの学習能力を伸ばす保育　5.7%

6位 キリスト教などの教えや園独自の理念に基づいて子どもの心身の発達を図る保育　0.3%

図2-4　希望する預かり保育のタイプ

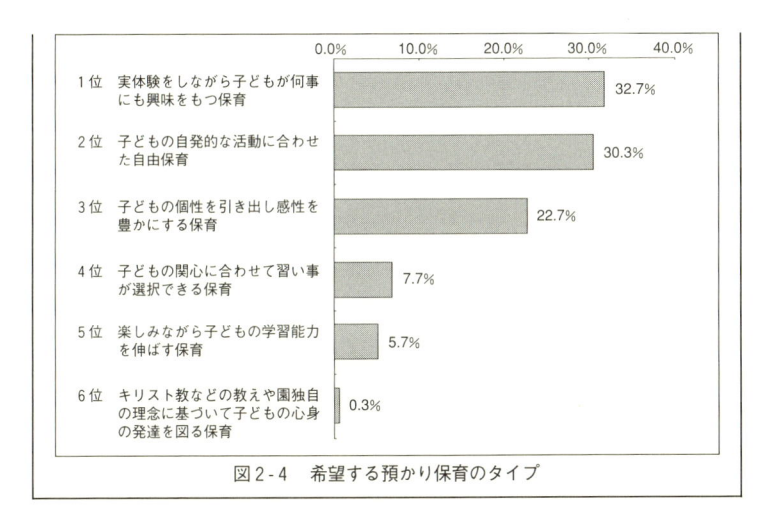

上記で紹介したアンケートの結果を総括すると，預かり保育の物理的な条件と預かり保育の内容としての価値がまとめられるでしょう（図2-5）。

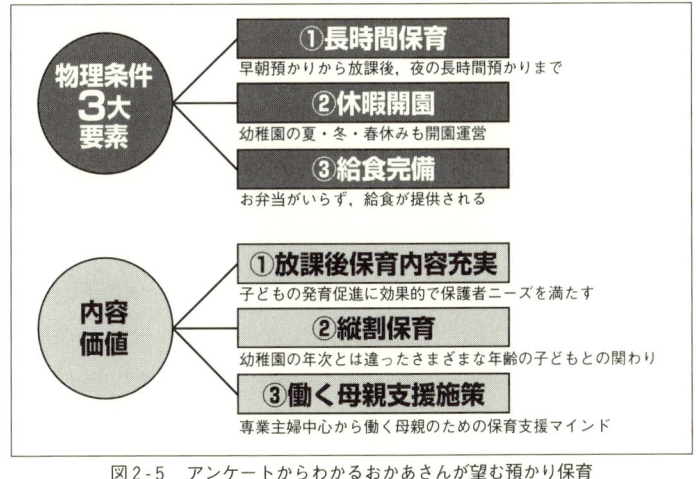

物理条件 3大要素

①**長時間保育**
早朝預かりから放課後，夜の長時間預かりまで

②**休暇開園**
幼稚園の夏・冬・春休みも開園運営

③**給食完備**
お弁当がいらず，給食が提供される

内容価値

①**放課後保育内容充実**
子どもの発育促進に効果的で保護者ニーズを満たす

②**縦割保育**
幼稚園の年次とは違ったさまざまな年齢の子どもとの関わり

③**働く母親支援施策**
専業主婦中心から働く母親のための保育支援マインド

図2-5　アンケートからわかるおかあさんが望む預かり保育

4 預かり保育がいまかかえる問題点

(1) システム優先傾向

　先に紹介したいくつかの地方公共団体レベルでの預かり保育の現状を概観してみると,「いつ」「だれが」「どのようにして実施する」かが先行しているようです。待機児童解消という目的はありますが,これはあくまでも物理的な問題です。本当に乳幼児の発達にとって何が必要かという目的は影に隠れ,目先の緊急性の高い問題の解決に焦点が集まり,本来の目的が見失われているように思います。そのために,対症療法的な問題解決しか現れてこない,つまりシステムの開発しか見えてこないという現状を生んでいるのではないでしょうか。

　どの幼稚園での取り組みでも,何時からスタートし,何時に終了するのか,定員は何人,料金はいくらといった体制を整えるだけで精一杯といったところにとどまっていないでしょうか。

(2) 私立幼稚園の生き残りアイテム傾向（利便性優先）

　私が住んでいる町でもいくつかの幼稚園が預かり保育を実施しています。実施はしていますが,預かっているだけに思えます。ある幼稚園の園長先生が「そろそろ,うちでも預かり保育を取り入れないと,来年度の園児がまた減ってしまうよ」とぼやいていました。これは,私立幼稚園の本音ではないでしょうか。園児が減少傾向にある幼稚園では,幼稚園の保育理念はあるものの,園児が来てくれなければ幼稚園そのものの存続も危ないという現状の中で,私立幼稚園のサービスアイテムのひとつとして預かり保育が注目されるの

はうなずけます。かつては幼稚園バスがそのひとつでした。そして動物の飼育（馬やうさぎなど），給食，お泊り保育，プールなどの豪華施設，英語・コンピューターなどの知育など，私立幼稚園は園児獲得のために次々サービスを繰り出してきました。

預かり保育がこれらと同じように子どもより保護者向けのサービスとして，私立幼稚園の宣伝材料として広がっていくならば，必ず子どもの成長に，あるゆがみをもたらしかねないでしょう。

(3) 規制緩和の功罪

急速な規制緩和の進展はさきに見てきたとおりです。預かり保育に関する調査のなかでも，保育所，幼稚園，無認可保育所についての満足度を測ったものがあったのですが，意外なことに無認可保育所にとても満足しているという傾向が一番強かったのです。公的な機関の枠組みからだけではない「子育て」という言葉が社会の中で広がり，子どもたちのためになる子育て支援機関がふえ，切磋琢磨するなかでよりよい機能が生き残っていくことは，固着した幼保一元化のような問題にメスを入れることにもなると期待しています。しかし，一見，実態に即した柔軟な対応のようですが，加熱傾向にあるなかで，歯止めがきかない方向に行く危険性もはらんでいるということです。無認可保育所とはいえ，認可保育所なみにきちんと安全衛生や保育内容まで整備している園もあります。一方で，かつてベビーホテルとよばれたようなどんな時間でも子どもを預かるといった本当に子どもの心身の発達を考えたらできないようなことまでサービスとして実施しているサービス優先の園，知育が批判される傾向にあるのに，英語や体操などのスキル習得を保育内容のメインに掲げ園児を獲得しようとしている園などもあり，玉石混交とい

った状態でもあります。

　万が一子どもが病気になったり，ケガをした場合の責任の所在はどこにあり，だれがとるのでしょう。当然，預ける側にも預かる側にも双方にあるのですが，保護者への目先のサービスだけが先行してしまうと，その責任の所在を不明確にしてしまったり，保護者の依存心を育てかねないとも考えられます。つまり，親の自己責任が問われにくい現状を生み出してしまうのです。

　便利さに思わず飛びついて，肝心な子どもの健やかな成長という一番たいせつな目的が端に追いやられてしまっては考えものですね。

(4) 実際のニーズとのずれ

　預かり保育のそもそものスタートが，保育所待機児童の解消にあったのは，さきに紹介したとおりです。しかし，現在実施されている預かり保育では，保育所の入所待機児童の解消として十分に機能していると思えません。なぜならば，労働条件と預かり保育の現在の機能がマッチしていないからです。夕方5時に子どもを迎えに行くには，4時に勤務を終了していなくてはなりません。フルタイムの勤務や残業には対応できないのです。まだまだ実際的な必要感に十分応えきれていないのが現状なのです。

　以上のように，現状として，預かり保育はまだまだ未開の分野であり，預かり保育を実施している園でも，どちらかといえば幼稚園の付録的な存在として「ある」だけで，その内容・形態は千差万別。担当する保育者もこれという決め手がなく，手探り状態，保育内容などの工夫にまでとてもいたらないというのが実情のようです。

　でも，子どもにとっては，家庭での時間も，幼稚園での時間も，預かり保育での時間も，すべてが成長のために必要な連続した生活

なのです。たとえ短時間であっても、ゆたかで安定した子どもの育ちを保障できるような保育内容を実践していく必要があると思います。

　私たちがアフタースクールで実践した保育は、そうした意味で、ひとつの預かり保育のあり方として参考にしていただけるものと確信しています。

第3章

子どものパワーが引き出された
―アフタースクールの実践から

　この章では，アフタースクールで実践してきた保育をなぜ変わったのか，何が変わったのかという切り口から，保育環境，保育者や子どもの姿を客観的に検証する中で，預かり保育の担うもの，預かり保育で求められるもの，預かり保育だからできたことを探っていきたいと考えています。そして，その実践の中で発見した，これからの幼児教育の視点についても言及できればと思います。

驚く心
おや、こんなところに芽がふいている。
畑には、小さい豆のわか葉が、えらい勢いで土の塊を持ち上げている。
藪には、固い地面をひび割らせて、ぐんぐんと筍が突き出してくる。
伸びてゆく蔓の、なんという迅さだ。
竹になる勢いの、なんというすさまじさだ。

おや、この子に、こんな力が。……
あっ、あの子に、そんな力が。……
驚く人であることに於て、教育者は詩人と同じだ。
驚く心が失せた時、詩も教育も、形だけが美しい殻になる。

(倉橋惣三)

1 何が変わったのか

(1) 環境が変わった
① 保育の環境とは

　平成2(1990)年の幼稚園教育要領改定によって，幼児教育のコンセプトは大きく変化し，環境を通した教育を教育の基本としました。この改定により，幼児を取り巻く環境の重要性が問われ，保育者も幼児を取り巻く人的環境として重要な役割であることが明示され，さらに幼稚園や保育所における施設設備や遊具教材といった物的環境の整備についてもこの改定をきっかけに検討をされる機会がふえたとも言えるでしょう。環境とは図3-1に示すように，幼児を取り巻くすべてのものをさします。幼児自身の興味や関心を十分に発揮し，その環境を通していろいろな体験を積み重ねていくことが幼児の成長発達には需要で，その環境を準備し，幼児とともに再構成する役割を担う援助者が保育者であるという保育理念をこの改定で

図3-1　環境とは？

は打ち立てたのです。改定前，とくに幼稚園における保育者主導型の保育が横行し，6領域（健康，自然，社会，言語，音楽リズム，絵画制作）があたかも小学校の教科のように読み取られ，領域ごとの指導がなされ，小学校の準備教育色を強め，知育偏重を招いていました。その結果として，子どもの心の育ちや生きる力の育ちが遅れ，いじめや不登校を引き起こしていると考えられてもいます。その現状を打破するための新教育要領でした。新教育要領では5領域が提示されましたが，小学校の教科的なイメージを払拭するために，健康，人間関係，環境，言語，表現とやや抽象的な表現を用い，この5領域が総合的に指導されるとしました。そして，その中心となったのが環境です。アフタースクールでは，この環境に改めて注目しました。

② アフタースクールでのカリキュラム変革のコンセプト
◆コンセプト成立まで◆

アフタースクールではそれまで，年間のカリキュラムに基づいて，月のカリキュラム（月案），週のカリキュラム（週案）を立案し，週のカリキュラムは保護者に配布し，保育内容を理解していただくという方法をとっていました。もちろんアフタースクール（預かり保育）ですから，異年齢保育ですし，保育時間も午後2時から6時ごろ（子どもによってまちまち）と普通の保育終了後の短い時間を利用しての保育ですから，普通の保育所や幼稚園の立てているカリキュラムとは質を異にしますが，基本的な構造や流れはほとんど同じでした。とくに，アフタースクールでは週1回しか利用しない子どもから，週5回利用する子どもまでさまざまでしたから，カリキュラムの立案に際しても，柔軟な内容にするように，長いスパン（期間）で目標を達成できるような配慮など工夫を凝らしてはいましたが，やはり

保育者がそのカリキュラム内容をこなすという現実がいつもあり，子どもの興味や関心に沿っているのか，本当に子どもにとって楽しい活動なのかというジレンマが常に保育者の心の中にはありました。

それまでのジレンマから抜け出すには，思いきった発想の転換が必要でした。そして，まず，保育環境の見直しをし，本当にこの環境が子どもたちを育てているのか，どのような環境が子どもたちの発達にとって必要なのかを十分話し合いました。その結果，その環境を支えているカリキュラムの見直しをし，このカリキュラムでは何も生まれない，変われないという結論に達し，思いきってカリキュラムそのもののコンセプトから変革を行いました。

そこで，カリキュラムの形式はすべて捨て，どんな環境を用意したら子どもにとって魅力的なのかを初めに話し合いました。そこで，保育者と私の気持ちが一致したのが，本物を体験する，本物から感じることをたいせつにしようということでした。また，近年起こっている教育問題についても討議しました。これからの幼児教育でしなければならないことは何か，今起こっている問題の所在はどこにあるのかなど，徹底的に論議しました。そして，今教育の世界で掲

知的には、過去の知識の記憶よりも「自分で課題を見つけ、自ら学び、自ら考え、主体的に判断し、行動し、よりよく問題を解決する資質や能力」であり、情・意面では「自らを律しつつ、他人とともに協調し、他人を思いやる心や感動する心など、豊かな人間性」であり、さらには「たくましく生きるための健康や体力」である

〜第15期中央教育審議会　第一次答申（平成8年7月19日）より

図3-2　「生きる力」とは？──総合的な学習の時間新設の提言

げられている「生きる力」(図3-2)についてどんな力を持っていたら生きる力になるのか，生きる力のない子どもは何が不足しているのかを保育者と考えました。

その結果，今の子どもたちはコミュニケーション力やイマジネーションの力が不足しているのではないかという結論が出たのです(図3-3)。コンピューターやテレビ・ビデオといったメディアを通して，実際に本物を見なくてもあたかも本物を体験したような錯覚に陥る危険性が現代の生活には溢れていて，頭ではわかっていても，実感のない理解が多いために，平気で人を殺してしまったり，心を交流させるのが苦手なために不登校になったり，いじめられたりいじめたりという現象を生み出してしまったのではないだろうかという話になりました。

保育がなすべきことは，幼児一人ひとりの自立をうながすことです。そして，幼児一人ひとりの自立とは「自分で考えること，自分で行動すること，自分で責任をもつこと」と定義し，その自立を支

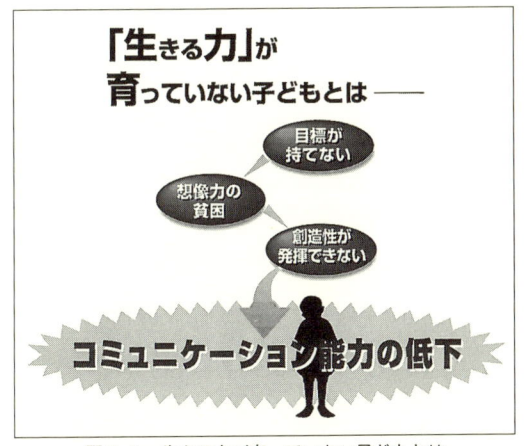

図3-3 生きる力が育っていない子どもとは

えているのが何かを生み出す力つまり創造性（広義）であり，その創造性を発揮しながら内的に充実することがひいては自立への道になるのではないかと考えました。ここでは，芸術などの分野で使われている狭義の意味ではなく，人間の営みそのものを創造と考え，その力を創造性としてとらえました。

そして，さらにその自立を支えるのは人とのかかわりで，人が人とともに生きてこそ本当の生きる力となるのではないかと考え「創造」と「共生」を保育コンセプトとしました（図3-4，3-5）。

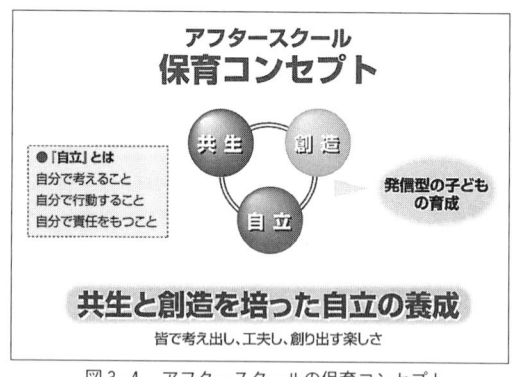

図3-4　アフタースクールの保育コンセプト

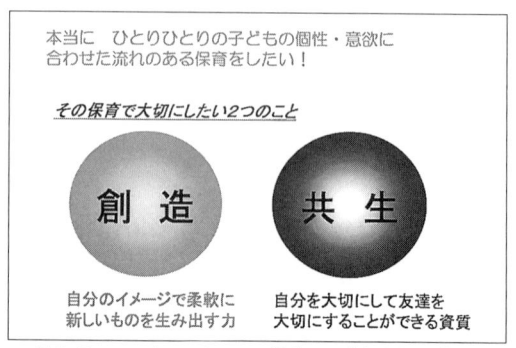

図3-5　アフタースクールの保育での「創造」と「共生」

それではなぜ「共生」が必要なのでしょうか？ 岸井は『これからの保育―幸せに生きる力の根を育てる』で「子どもどうしで話し合うということは，子どもの発達に即した思考力開発法として最もいい方法のひとつです」と述べ，さらに「保育所や幼稚園のような集団保育施設に求められるものは，一人で遊んでいても楽しいが，友だちと遊んだ方が何倍も楽しく，わがままやけんかをするとつまらなくなり，助け合うととてもいい結果が生まれること」と述べ，幼稚園や保育所での友だち関係の重要性を示唆しています。

また，入園を控えている保護者へのアンケートで，幼稚園や保育所に期待することとして，「友だちと遊べるようになってほしい」「友だちと遊ぶ中で人と接するたいせつさを学んでほしい」「友だちとのかかわりから，がまんすることや，譲ることを学んでほしい」などがあげられ，人とのかかわりでしか学べない力の育成を保護者も期待していることがわかります。

◆**コンセプト実現のための環境構成**◆

このコンセプトでとらえたアフタースクールでたいせつにしたいこと「創造」と「共生」をどのように子どもを中心としながら環境とのかかわりで実現していくかが大きな課題でもありました。そこで，この2つの柱を実現するために保育内容にテーマを設定し，そのテーマを通して一人ひとりの自立を図ろうと「子ども」「環境」「テーマ」と「保育者」のかかわりを図に示し（図3-6），その関係を明らかにしました。アフタースクールの中心にあるのは子どもで，その子どもは，子どもを取り巻く環境からの刺激，テーマからの刺激，保育者からの刺激，子どもどうしの刺激を通して成長していくと考えました。この連関の中から育てたい力を「創造」と「共生」と考えたのです。

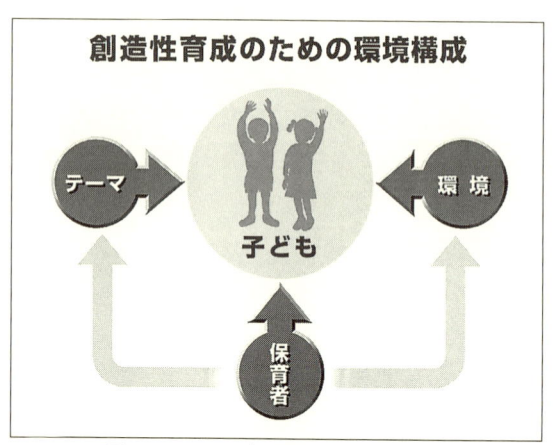

図3-6　コンセプト実現のための環境構成

③ テーマ保育の導入

　アフタースクールでは，異年齢保育だからこそ個々の子どもの発達をたいせつに考えてきました。そして，その発達の流れを阻害しないために子どもの生活のリズムをたいせつにし，さらに「興味，関心の流れと方向」「季節の流れ」などをたいせつにしながらカリキュラムを立案してきました。しかし，行事や季節感のある活動につい目を奪われ，じっくりと何か大きな目標に向かって取り組むことがどうしてもできずに，いつも中途半端な形で保育者がまとめてしまうというのが保育者の悩みでもありました。

　また，自立をうながすために創造性に注目したわけですが，絵画や音楽などの芸術教育で使われる狭義の創造力ではなく，もっと生きるために何かを創り出すといった広義の意味での創造性は，どのような保育内容で育てることができるのかが，最大の難問となりました。

　そこで，それまでたいせつにしてきた遊びの流れや深まり，まと

まりが，子どものなるべく自然な発達の中で実現できるように，大きなテーマを設定し，そのテーマに 2 〜 3 か月かけてじっくりと取り組むことにしました。

◆**テーマの選定**◆

　テーマ保育の柱になるテーマの選定には，何時間も話し合いを重ねました。保育者が思いつく（想像力の発揮）ものはすべて書き出し，最後にその中から，

　・子どもを引きつける魅力があること
　・遊びに広がりがでると予測されること

の 2 つのポイントでひとつだけ選定しました（表 3-1 参照）。それが，テーマ「地球」でした。そして，日常の保育では実現できないような，文化（歴史，言語，人類），科学といった大きな視野からカリキュラムの方向をとらえ，幼い子どもだからこそマクロな世界に入っていけるのではと考えました。

表 3-1　テーマ選定のポイント

テーマの選定

テーマ選定の 2 つのポイント
1. 子どもを引きつける魅力があること
2. 遊びに広がりがでると予測されること

- 宇宙
- 恐竜
- タイムマシーン
- 探検
- 海
- トラベル(H12.4〜)
- 歴史
- 食べ物
- 動物
- 時間
- 文化
- 民族
- 科学
- 物質(水・火・石)
- 仕事
- 人間(H11.1〜)
- 乗り物
- 地球(H11.10〜)

じつはこのテーマのヒントになったのは、アメリカの小学校の教科書でした。アメリカのいくつかの州立小学校を訪問したとき、教室じゅうに土星や火星が浮かんでいるのを見ました。日本の教育内容では考えられない大きなテーマを、高学年のクラスならともかく、低学年に取り入れているのには、びっくりしたと同時に目が覚める思いでした。

それまでの私たちは、自分では気づかないうちに「教育内容とはこういうものだ！」と勝手に思いこんでいただけで、子どもにとって本当によかったのかどうかはわからないということに気づいたのです。おとなより子どものほうがよっぽど柔軟なのかもしれないし、アメリカのまねをするわけではありませんが、大きなテーマでもやっていけるかもしれないという可能性を感じたのです。

「地球」というマクロな世界から入っていけばどんな物に興味を持って探求することも、それを使って遊ぶことも可能です。興味や関心の方向も、そこで学んでいく知識も、スキルもその子どもの心とともにあることができるのです。地球の生き物、地球探検、海の中、世界の国、友だち、乗り物で旅行など、どんなミクロの世界（概念的な大きさや深さのちがいでマクロに対してミクロという言葉を使っています）も可能です。そしてたどり着くところは再びふところの広いマクロの世界。それからまた、次のミクロの世界に入っていったとしても、帰り道はとても楽です。また大きなマクロの世界へもどればいいのですから。ただ、このテーマを取り入れるには、それを取り入れようとする保育者の勇気と信念が必要なのかもしれません。

◆**創造性のプロセスとテーマ保育**◆

テーマの選定が終わったあと、どのように子どもの活動の流れや

深まりを保育者はつかんで，次の援助を考えていったらよいかを話し合いました。いくら子どもの興味や関心，遊びの深まりに沿うといっても，めやすとなる流れは必要です。そこで，創造性育成のステップ（図3-7）の流れを参考に，遊びの広がりや深まりについて検証しながら，子どもの遊びの姿を客観的にとらえようとしました。"In"とは，没頭とよび「あれっ？」「なんだろう？」という発見と驚きのプロセスです。いろいろな環境の中から自分の興味や関心の方向を探っている時期でもあります。そして，その興味や関心の方向がしぼられてくると"About（追求）"に入っていきます。「なんだろう？」「どうしてだろう？」と興味や関心を持ったことを調べてみたり，実際にそこに行ってみたり，さわったり，確かめたりしていく過程です。

アフタースクールのテーマ保育では，この"In"と"About"が命ともいえる活動で，"In"から"About"に段階的に進むわけではなく，行きつもどりつのくり返しがそこで展開されます。そのた

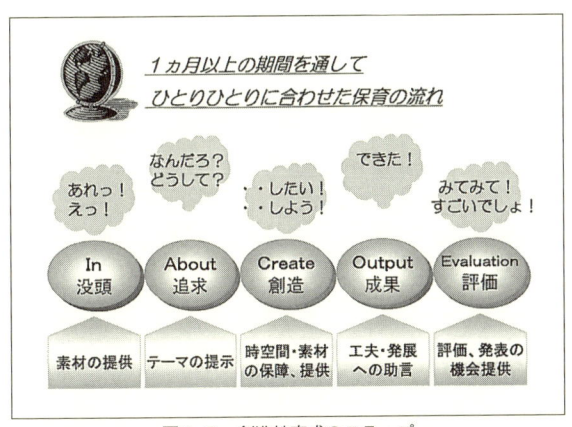

図3-7　創造性育成のステップ

め，1か月以上もこの活動が続くことがあります。子どもたちの不思議や感動にとことん保育者は寄り添い，いっしょに発見していくのです。

次のステップが"Create（創造）"です。これは"In"と"About"でしぼりこんだ興味や関心を表現するプロセスです。素材を使い何かを作り始める子どももいれば，ごっこ遊びを始める子どももいます。そんな遊びを自分で十分に楽しんでいるなかで，自然と子どもたちどうしが友だちの表現や遊びに興味を持ち，まねをしたり，いっしょに遊び始めたり，いくつかの遊びが融合したり，さまざまな発展をみせます。

そして，"Output（成果）"として，ただ作ったり遊んで楽しかったことを，みんなで共有できるような形やより工夫した方向へとまとめていき「できた！」「やり遂げた！」という本物の感動を味わいます。

さらに，その結果を必ず評価"Evaluation"する過程を踏みます。自分だけが楽しかったのでは，何かを創り出した喜びは得られないからです。「みて！みて！すごいでしょ！」「どうおもう？」とみんなで成果を共有したり，保護者に見ていただいたりといった発表の機会を提供していくというものです。

この5つのステップは常に，次のステップを行きつもどりつしながら，スパイラルに段階的に進んで行くものと考えました。そして，すべてそれぞれの子どものペースを見ながら，一人ひとりの育ちの流れをたいせつにするという方針で進めていきました。子どもによってはステップがズレながらもじっくりとその子どものペースで進んでいく。次のステップに移る時期は子どもが決めるというものです。この5つのステップは短くても1か月，長くて約3か月のスパ

ンで進めていけるように時間的なゆとりを十分に確保し、時間による拘束という保育者の呪縛を取り除こうとしました。

④ テーマ保育の具体的な内容

◆アフタースクールで実施したテーマ保育「地球」◆

次に実際のテーマ案を紹介します（次のページの表3-2）。テーマ案は幼稚園や保育所のカリキュラムでいえば、月案のようなものでしょうか。しかし、このテーマ案にはねらいや目的があまり登場してきません。それは大きなねらい「創造」と「共生」があり、個々のねらいは個人記録で把握してく方法をとっているからです。

このテーマ案は、このテーマに沿って環境を準備するならばどんな環境が考えられるか、どんな素材に子どもが興味を持ち、どれくらい必要か、このテーマについて子どもだったらどんなことを考え、どんな遊びを始め、どんな発展をしていくだろうと、子ども一人ひとりの興味や関心を保育者が予測できる限り予測し、書き上げていったものです。

そして、当初書き上げていった内容を、子どもの興味や関心で日々書きかえ、方向を修正し、素材や遊具もまた再予測したり、子どもと話し合って用意していくといった「書き込み修正式プラン」とでもよべるものです。1つのテーマが終了するまで何か月も書きこみ、書きかえられつづけるプランなのです。

次に、クラスプランを紹介しましょう（表3-3）。これは幼稚園や保育所でいえば週案に当たるもので、週単位で作成し、週末には保護者にも配布しています。保護者に配布する点が一般の週案と目的を異にしていると思います。園便りのような月単位や週単位で保育内容や連絡事項を記載したプリントを配布する代わりに、次週予測される遊びの流れや先週までの遊びの流れや姿、個々の姿や課題

表3-2

11月 テーマ『地球』

1日(月)～5日(金)
1日(月)～2日(火)

In（没頭） → **About（追求）**

8日(月)～17日(水)
4日(木)～5日(金)

〈地球って知ってる〉
大きな地球がやってきた

〈地球って不思議がいっぱいあるね〉
たくさんの国があってワクワクするね
見たことのない不思議な動物もいるかな

大きな地球で遊ぶ
地球儀・世界地図・パズル

日本や知っている国を探す

様々な国々の自然，人，動物
などのビデオ（スクリーン）・図鑑・
絵本で見る。
「ドラえもん地球大探検」

〈教材〉
● 旅の絵本1～4
● 写真集（南極・縮れ毛のパラダイス・七つの海の物語・ぼくたち地球家族）
● 世界地図
● パズル
● 地球儀・白地図

（声かけ）
いろんな国の違いを知る
● 寒暖
● 人種…（絵本）あいさつの違い
● 建物　コンピューター
● 動物…「どうぶつさんこんにちは」
● 衣服…実物を見る（タイ巻きスカート）
● 自然
● 食べ物（実際に食べて体験）
　ナン・タコス・チーズ・ビーンズ・ココナッツミルク・マカロニ（〈おかし〉ラムネ・チョコ・ゼリービーンズ）パパイヤ・トマト

「世界の子供たち」
いろいろな国の服・食べ物
生活習慣がのっていたのでよかった。

（必ず一人一つずつちがいを見つけて発表する）

★思ったより地球儀・世界地図に反応
（年中・長は集中する）
★国名はよく知っているが場所はわかっていないので声をかけると一生懸命探し出す。
★パズル…年中・長向きだった。ピースが小さかった。

★絵本よりも写真集に興味を持つ
（動物関係に集中）
★お金・動物などの違い。

簡単に図に表して掲示
（主なものだけ）

（それぞれの活動を写真・ビデオに撮っておく）

（About）では主に食べ物・動物・衣服に興味が集中。実際に見たりした事で興味が増した。（恐竜にも興味）スタッフの真似をして，図鑑などを子どもが子どもに見せていた。　ソフトつみ木→話にでてきた家をのりものにする

【ねらい】
○地球の事を調べたり考えていく中で日本とは異なった自然・民族や動物がいる事を理解する。
○共通の目的に向かって友だちと協力する大切さを知る。

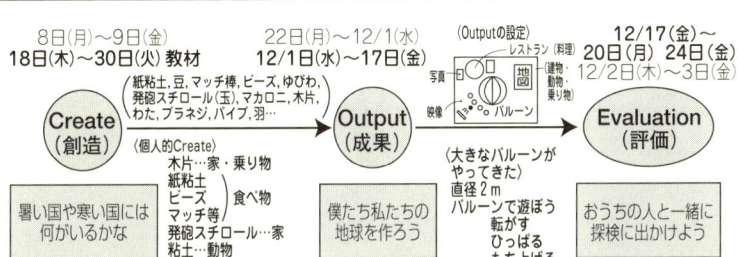

第3章 子どものパワーが引き出された　53

-マ案の例

8日(月)〜9日(金)
18日(木)〜30日(火) 教材

22日(月)〜12/1(水)
12/1(水)〜17日(金)

〈Outputの設定〉
レストラン(料理)
写真　地図　建物・動物・乗り物
映像　バルーン

12/17(金)〜
20日(月) 24日(金)
12/2(木)〜3日(金)

紙粘土、豆、マッチ棒、ビーズ、ゆびわ、発砲スチロール(玉)、マカロニ、木片、わた、プラネジ、パイプ、羽…

Create（創造）
〈個人的Create〉

木片…家・乗り物
紙粘土
ビーズ　　食べ物
マッチ等
発砲スチロール…家
粘土…動物

Output（成果）

〈大きなバルーンがやってきた〉
直径2m
バルーンで遊ぼう
転がす
ひっぱる
もち上げる
ける…

Evaluation（評価）

暑い国や寒い国には何がいるかな

地球バルーンに好きな動物を画用紙に作って貼る（いくつも作っていい）

なるべくその国にいる動物をはるよう声をかけていきたいが無理にさせない。
（好きな所にはってもよい）

主に子どもは食べ物と建物に興味が集中

11/26の時点では地球のいろいろな国…というよりも細々としたいろいろな素材を製作に使うのが楽しいという感じである

暑い国・寒い国を探検しよう 何を持っていく？

探検に行くために必要なものを自分達で作る（廃材・教材を利用）
☆剣・小物入れ・帽子・双眼鏡など

何に乗って探検に行こうかな

何に乗って探検に行くか話し合う（船・飛行機・バス・電車…etc）
いろいろな素材や廃材（ダンボールなど）で大きな乗り物を作る。みんなで協力して1つの乗り物を作る。

さあ探検に出発だ

自分で作ってきた探検グッズを持って動植物園に行く（日時、参加の有無、持ち物を決める）

僕たち私たちの地球を作ろう

About・Createの結果
自分達だけの地球(国)を作る。
どの国を作るか話し合う。

もう一度詳しく図鑑でその国を調べる。
（作る例）

ジャングル　南極　海
　｜　　　　｜　　｜
草・木　氷の大陸　海
　｜　　　　｜　　｜
動物　ペンギンなど　魚
　｜　　　　｜　　｜
ジャングル　氷の家　せん水艦
の家

主にこの3種類を作る様、言葉かけを行う(A・B・C)
どの順番にするかは子供の判断にまかせる。
また、人数が片寄らないよう配慮する
（→少ないグループはスタッフが手を貸す）

★目安は2週間
できあがったら子どもたちみんなで探検

11/29〜11/30
製作に余裕がでてきた様、図鑑を見ながら作ったり、作ってきたものを使っての遊びが出てきた

〈見たく決わましい図鑑　乗り物（参考として）〉

〈地球バルーンを作ろう〉
思い思いの地球をバルーンにはる
（材料）
・コンタクトペーパー
・フェルト
・わた
・星モール
・セロファンなど

できたもの
●国（山・池・砂漠などを加える）
●乗り物（船・ロケット・電車・車）
●建物
●生き物（魚・うさぎ・いるか・へび・ペンギンなど）

展示に向けて
建物・動物・乗り物→地図
食べ物→レストランごっこを他の教材と組み合わす

おうちの人と一緒に探検に出かけよう

Outputで出来あがった僕たち・私たちの地球をおうちの方と子ども達と一緒に探検してもらう。

・活動の過程を写真掲示
・ビデオで常時放映

それに対しての保護者の感想・意見をきく。
（アンケートや成長の記録で）

地球バルーンを中心にまわりに作ってきた家・生き物・食べ物を展示。
ビデオ上映（PM5：00〜）
写真掲示（Output）のみ
〈保護者には…〉

地球のまとめ
・個人の成長の記録
・地球に関してのアンケート

フィードバック

を渡す。

表 3 - 3　クラスプランの例

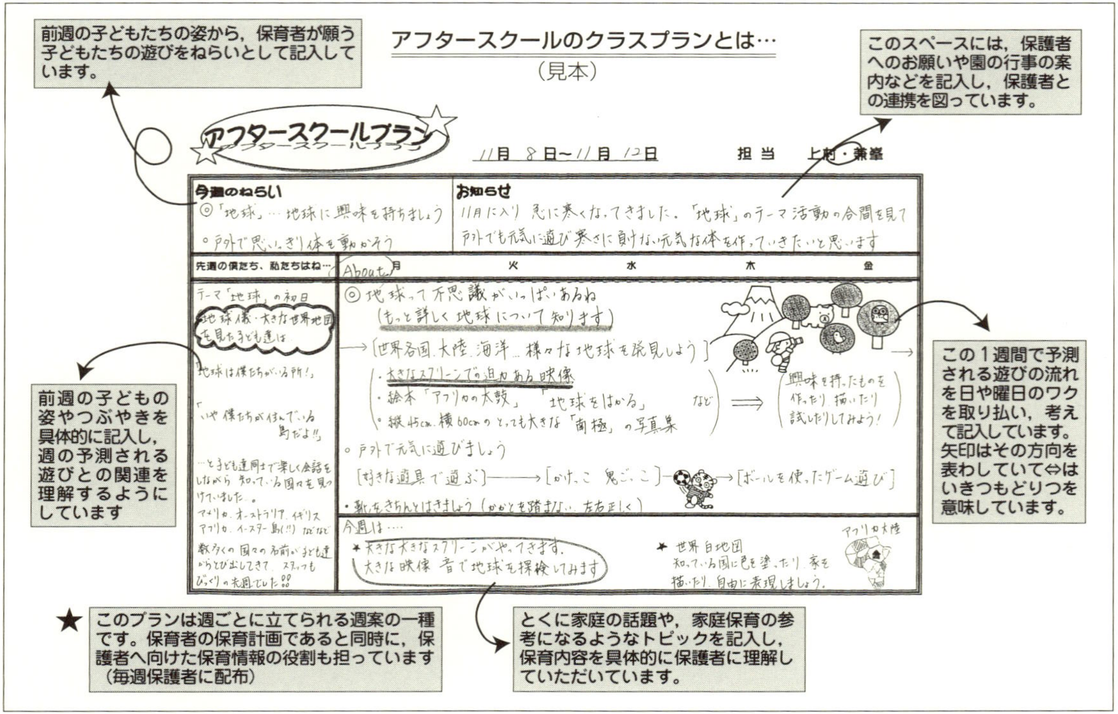
アフタースクールのクラスプランとは…
（見本）
前週の子どもたちの姿から，保育者が願う子どもたちの遊びをねらいとして記入しています。
このスペースには，保護者へのお願いや園の行事の案内などを記入し，保護者との連携を図っています。
アフタースクールプラン
11月 8日～11月 12日
担当 上村・兼峯
今週のねらい
◎「地球」…地球に興味を持ちましょう
○戸外で思いっきり体を動かそう
お知らせ
11月に入り 急に寒くなってきました。「地球」のテーマ活動の合間を見て戸外でも元気に遊び寒さに負けない元気な体を作っていきたいと思います
先週の僕たち、私たちはね…
About
月
火
水
木
金
テーマ「地球」の初日
地球儀・大きな世界地図を見た子ども達は
「地球は僕たちがいる所！」
「いや 僕たちが住んでいる島だよ!!」
…と子ども達同士で楽しく会話をしながら 知っている国々を見つけていました。
アメリカ，オーストラリア，イギリス アフリカ，イースター島(!!) などなど
数多くの国々の名前が子ども達からとび出してきて，スタッフもびっくりの先週でした!!
◎地球って不思議がいっぱいあるね
（もっと詳しく地球について知ります）
〔世界各国，大陸，海洋…様々な地球を発見しよう〕
・大きなスクリーンでの迫力ある映像
・絵本「アフリカの太鼓」「地球をはかる」
・縦 45cm，横 60cmのとっても大きな「南極」の写真集
など
興味を持ったものを作ったり，描いたり試したりしてみよう！
○戸外で元気に遊びましょう
〔好きな遊具で遊ぶ〕→〔かけっこ 鬼ごっこ〕→〔ボールを使ったゲーム遊び〕
・靴をきちんとはきましょう（かかとを踏まない，左右正しく）
今週は….
★大きな大きなスクリーンがやってきます。大きな映像 音で地球を探検してみます
★世界白地図 知っている国に色を塗ったり，家を描いたり 自由に表現しましょう。
アフリカ大陸
前週の子どもの姿やつぶやきを具体的に記入し，週の予測される遊びとの関連を理解するようにしています
この１週間で予測される遊びの流れを日や曜日のワクを取り払い，考えて記入しています。矢印はその方向を表わしていて⇔はいきつもどりつを意味しています。
★ このプランは週ごとに立てられる週案の一種です。保育者の保育計画であると同時に，保護者へ向けた保育情報の役割も担っています（毎週保護者に配布）
とくに家庭の話題や，家庭保育の参考になるようなトピックを記入し，保育内容を具体的に保護者に理解していただいています。

なども加えるほか、個別教育プログラム的な役割も盛り込んで、保護者にもこのテーマ活動をより理解していただこうと考えたのです。

⑤ 保護者との連携とフィードバック法

アフタースクールでは、この試みに取り組む時から、一人ひとりの子どもの育ちをたいせつにしていくことを大前提にしています。そのため、毎日個々の姿を個人記録として残し、子どもの生のつぶやきをメモとして個人記録に書き加えていき、遊びについてはビデオや写真に収め、その姿を保護者に見ていただく方法を取りました。個々の子どもの育ちを保育者と保護者がともに同じ目線で見ていくことは保育にとって欠かせないことです。同じ価値観をもって子どもの姿を見つめなければ、片輪しかない車のようなものです。また、先に紹介したクラスプランも毎週、保護者に配布することで、子どもたちの姿を理解してもらい、保護者に対しても、常に感想や意見を求めるようにしてきました。そして、テーマ保育「地球」が終了する際には、このテーマを通して個々の子どもに何が育ったかについて保育者がまとめたものを配布しました。クラスプランは個々の子どもの育ちの流れと、小さなねらいの積み重ねであれば、最後に配布した個々の育ちはその集大成ということになるでしょう。アフタースクールでは、このように子どもを取り巻く環境すべてを子どもの育ちに活用しようと考えたのです。

(2) 子どもが変わった

ここでは、子どもの何が変わったのかを具体例を示しながらみていきます。

さきにお話ししたように、保育コンセプトをはじめとした子どもを取り巻く環境を見直し、テーマ保育を取り入れたことは、このア

フタースクールの新しい試みのスタートでした。このような変革がなければこのような保育は展開されなかったかもしれませんが，そこで遊ぶ子どもたちが本来もっていた力が十分に発揮された結果ともいえます。それは子どもたちの内面の質が変化したというより，子どもたちが内面にもっていたものが表面に現れ，それが子どもどうし，保育者とのかかわりのなかで育まれ充実していった結果と見ることもできるでしょう。

では，子どもたちがもともともっていた力はどんな力で，どのようにして発揮されていったのでしょうか。

そのことを考える前に，本来の子どもの発達，遊びについてもう一度振り返ってみることにします。

① 子どもの発達とは，子どもにとっての遊びとは？

子どもの発達とは，どんなことを意味するのでしょうか。乳幼児の発達について考えるときに私は，まずモンテッソーリを思い浮かべてしまいます。モンテッソーリの教育については，賛否両論がありますが乳幼児の発達に対する考え方には現代のいろいろな子育ての問題を解決する手がかりが隠されているように思えるのです。このアフタースクールの保育にもモンテッソーリの発達観「子どもが自分でやってみようとする力を発揮すること，自然からもらった宿題を子ども自身がすることが，子どもの発達に必要であり，それが子どもの自立につながる」が生かされています。取りも直さず子どもの自然な生活を自然にしていくことがいかに発達にとって必要かがこの発達観から読み取ることができます。

子どもの自然な生活とはどんな生活でしょう。友人の子どもが，生まれて6か月になります。彼女を見ていると本当に，人間の成長の楽しさを実感できます。ついこの間までやっとお座りができるよ

うになったと思ったら，あっという間に物を見る目つきがすっかり変わって，「何かしてやろう」「何かおもしろいものはないかな」とキラキラした目をして，積極的に自分から何かをしようとチャレンジしているのです。この光景をみて，教えなくても自然に何かを探しては試す，試してはまた新しいものを発見していくといった遊びが，子どもの生活の中心なのだということに改めて気づかされました。子どものおもな生活は睡眠，食事，排せつ，そして遊びです。なかでも遊びが，子どもの生きる原動力になって，発達をより良い方向に導くのだと思います。

コラム3-1　◆モンテッソーリの発達観から◆

　マリア・モンテッソーリ（1870－1952）はローマ大学の医学部を卒業後医者として活躍するなかで，生理学的な視点から子どもたちの発達をとらえ，さらには子どもたちの生活している場を研究室とし，自由に活動する子どもたちを観察するなかから，彼女の教育観をつくりあげていきました。子どもがどんな感じ方をするのか，どんな考え方をし，自立していく過程にはどんな法則があるかなどを子どもたちから学ぼうとしました。そして，彼女は「ひとりでするの手伝ってね！」という子どもの生命の叫びを聴き，それにこたえようとしました。

　その教育の基本は「子どもとおとなはちがう」ということでした。そのちがいは，南極と北極にいるくらい隔たったもので，子どもは異文化の存在であると言っています。そして，おとなになるまでは，さまざまな異なる段階を生きぬいて次の段階へと移行しながらおとなになるとして，発達を4つの期に区切り，その時期にたいせつなことを示唆しました。第1期は0歳から6歳まで，第2期は6歳から12歳まで，第3期は12歳から18歳まで，第4期は18歳から24歳までとし，それぞれの時代にしか完成されないものがあり，だからこそ子どもを理解することがたいせつであると考え，この各期にしかできないことを「自然からもらった宿題」とし，子どもの発達はこの自然からもらった宿題を自分の力で獲得していく過程ととらえました。

この自然からもらった宿題を獲得する力を子どもの中に内在する生命力と考え，幼児期だけが持つ独特な強い生命力を「敏感期」とよび，この力を発達の原動力ととらえました。3歳までのおもな敏感期は「吸収する心」「秩序感」で，3歳から6歳までの敏感期は大きく感覚と運動に分け，感覚の敏感期を「見る（視覚）」「聴く（聴覚）」「触れる（触覚）」「かぐ（嗅覚）」「味わう（味覚）」の五感とし，運動の敏感期として「体全体を動かす」「バランスをとる」「手首や腕を使う」「指先を使う」としています。
　つまり，子どもが生まれながらにして持っている五感をフルに活用し，さらに全身の指先に至るまでの筋肉や神経を使うことが発達にとって必要不可欠であり，それはおとながさせるのではなく，子どもみずからが自分の力とその生命力で獲得していくものであること，そしてその過程そのものが発達であると考えたのです。

コラム3-2　◆倉橋惣三の保育観から◆

　倉橋は「幼児の生活を，生活で，生活させる」を提唱し，「自然の生活形態のままで保育する」というのが彼の理念でした。そして幼稚園における重要な指導事項として「幼稚園において何よりもたいせつなのは子どもの遊びである。幼児を遊ばせるためにはまず幼児の遊びたいという心を満足させること。そのために，遊び方を知らない幼児には遊び方を教え，友人を選んでやり，友人と遊べる場を作ってやる。さらに，遊び場所や遊具を用意しておくことを必要とする。第2には幼児の活動を引き出してやること，すなわち，ますます遊びたい方向へ幼児を導いてやることである。第3には遊びを正しい方向へ導くことである」と，遊びの重要性を強調しました。

② **アフタースクールでめざした人間像と子ども像**

　アフタースクールでは次のような人間になってほしいという願いをアフタースクールのめざす人間像として掲げました。

> 〈アフタースクールのめざす人間像〉
> どんな環境におかれても,
> ①自分を大事にし,自分自身を充実・向上させることができる人
> ②自分の心と力を信じて行動し,他人(社会)に貢献することができる人

この人間像を基本とし,さらにめざす子ども像を掲げました。

> 〈アフタースクールのめざす子ども像〉
> ①自分で好きなことを見つけて,工夫し,集中して遊べる子ども
> ②自分をたいせつにして,友だちをたいせつにできる子ども

ここで掲げた人間像と子ども像を軸に,子どもとともに日々生活をそして遊びを展開していきました。

③ 子どもの何が変わった？

子どもの内面そのもののが変化したというよりは,内面が充実した結果であると先ほど述べましたが,その内面の充実が目に見える形として子どもの表に現れた姿をここではお話ししたいと思います。

◆一人ひとりがじっくりと育った―個々の育ち◆

★「……してもいいですか？」から「……したい！」へ(自主性・積極性)

テーマ保育を導入したばかりのころは「本当に,何でもやっていいの？」といった不安や疑問が子どもの心の中にあり,また,今までそんなふうに遊んでもよいと言われた経験もなかったためか,子どものほうにも「幼稚園とはこんなふうに遊んだりする所なんだ」という固定観念がすでに育ってしまっていたようで,とくに年齢の

高い（5〜6歳）子どもたちは恐る恐る遊びを進めているといったようすでした。

> 　地球について，いろいろなことに興味を持ってもらおうと，図書館から地球に関する図鑑や絵本をいっぱい借りて，保育室に用意していた時です。「ずいぶんいっぱいあるなー」「この本どうしたと？」と興味を示すのですが，つい口癖で「先生……読んでもいいの？」とたずねて来る子どもがほとんどで，保育室にあるものは先生に聞いてから使わなければいけないものと思い込んでいるようでした。そこで，子どもたちには，保育室にあるものはいつだれが使ってもいいこと，使う時は「先生，これ使うね」とひとこと言ってくれればいいことを，ことあるごとに伝えていきました。しだいに「あっ……いいんだったよね」と自分で確認をし「先生，これ使うね」と，遊びを広げていく姿が見られるようになりました。1週間がたち，2週間がたち，保育者も子どももこの新しい状況の雰囲気に慣れ，子どもは自分のペースを自分でつかみ，保育者は子どものペースに任せることの苦しさから，自然に任せることの楽しさを感じていきました。

「先生これ使うね」

　それまでは，「……をするものだ」とか「……をしなくては」と保育者の用意した活動に受身的に乗っていた子どもたちが自分から「……しよう！」「……してみたい」へと変わっていったのです。

> 　テーマ「人間」の時でした。人間の身体についてみんなで，体重計を持ち出して「あっ，先生って重いんだね」「れいなちゃんは小さいから軽いね」「じゃーたかくんは何キロ？」と体重調べをしていたと

きです。保育者は何も言わなかったのですが、子どもたちが積み木を持ち出して、「れいなちゃんと同じ重さ、この積み木で何個かな？」と人の体重と積み木の重さを比べる遊びがはじまったのです。その後、身長を測ったりするときも、積み木を高く積み、友だちとの高さ比べや、高さの確認をして、この身体を知る活動は大いに盛り上がりました。いつも遊んでいる積み木を、自分たちの発想を生かしながら自由に駆使し、遊びに生かすことがいつしかできるようになっていました。そして「……してもいいですか？」という言葉はアフタースクールからは消えました。

　自分で決める、自分で行うといった遊びの積み重ねによって、自己決定力、自己責任感を培うことができるのだと確信できました。

★「Looking for」から「Looking at」へ（集中力）

　テーマ保育をはじめたばかりのころの子どもたちは、自分で遊びを見つけ出すのがとてもへたでした。ふらふらとウインドーショッピングのようにあれこれ素材や遊具を使い歩いては、長続きせず、遊び方が見つからないといった「Looking for」の状態が何日も続きました。つまらなくなったり、自分のやりたい遊びが見つからない子どもはブロックを投げてみたり、突然戦いごっこがはじまり、結局本気のケンカになったりと、何をやっても落ち着かない姿があちこちに見られました。

　しかし、1か月近くたったころには、どの子どもも、ケンカするわけでもなく、悪ふざけするわけでもなく、うろうろ歩き回るのでもなく、黙々と自分たちの遊びに熱中していました。

　テーマ「地球」のときです。地球について調べているうちに、世界の

食べ物にみんな興味をもちはじめ、しだいに子どもたちの遊びは世界のレストランごっこに発展していきました。やはり、おままごとがもともと好きな女児が、その遊びの中心です。「さらちゃん、私はケーキをつくるから、さらちゃんはパンを焼いて！」「あやちゃんの作った食べ物はどこの国の食べ物？」「私はもっとたくさんケーキを作るの」とあきちゃん。「おれ、ケーキ食べたいな」とかずくん。「じゃー、自分で作ったら」とめぐちゃんやまさえちゃんに言われ、かずくんもケーキ作りを始めます。それを見ていた、けんたくんや、たっくんも、見よう見まねでケーキ作り。「地球」の活動にあまり興味を示していなかった、かっちゃんまでもがケーキを作りはじめました。大好きな食べ物を黙々

さあ、レストラン開店です

と、何個も作っている子どもたち。この活動は何日も続きました。このテーマ保育が始まった当時は、ちょっとおもしろそうなものにはすぐに飛びつくのに、すぐに飽きてしまっていた子どもたちが、何日もレストランごっこをするという目的に向かって、集中して遊んでいるのです。

　子どもは、自分が今まで体験してきたこと、とくに生活に一番密接な食べ物という題材だったからこそ、強い興味をもち、集中することができるということを知りました。

　自分で探し、自分で決めたことに向かって遊んでいる子どものまなざしは真剣そのもので、集中して時間を忘れるくらい夢中になって自分の遊びに没頭できるようになっていました。いつのまにか子どもたちは「集中」して遊べるようになっていたのです。集中して遊んでいる子どもたちには余計なことは何もいらないのです。そし

て，この集中（没頭）して遊び込むことが，本当の集中力を培っていくのだと思います。

★なんだろう？どうして？がふえた（好奇心・探求心・想像力）

遊びが深まりを見せたころ，「先生……，……はどうしてこうなるんだろう」「なんで，こうなるの？」など，たくさんの疑問詞が飛び交うようになりました。何人もの子どもが一挙に押し寄せて，保育者が質問攻めに遭っている光景をよく目にするようになりました。「今まではどうだった？」と保育者にたずねると「○○ちゃんがこんなこと言ってくるのは，初めてで，びっくりしましたよ」と子どもの急速な変化に驚くほどでした。

〈かずくんの地球〉…保育者の記録から

　身体を動かすことが大好きなかずくんは，この「地球」の活動が始まってからは，それまでの行動やつぶやきが大きく変わっていきました。このテーマ保育がはじまったばかりのころは，「地球って丸いね。先生！」「日本どこ？」と言っていたかずくんでしたが，海の写真集を目にしたときでした。とても興味をもったようすで，「緑色の島がたくさんあるね」。くじらのジャンプを見て「すごいよ，先生」とページをめくっては「見て！見て！」「すごーい」と他の教材には目もくれず，保育者が紙芝居を読もうとしても（ふだんは紙芝居が大好きなので）「ぼく，これ見るからいい……」と言って黙々とその写真集を手にして不思議がったり，感動したり，感心したり。

　正直言って，かずくんがそこまで興味を持つとは思いませんでしたし，それまで園に来ているなかで，一度も見たことのない光景でした。おやつを食べている間まで本の内容や，地球についての会話。その後，世界のパズルをしたり，地図に色をつけたり，粘土でいろいろなものをつくるのですが，すべて海のものばかり。「おもしろい，海きのこ

をさがしてみよう！」「真珠って，貝殻の中の丸いやつ，くるくる丸くして作るんだよ」とかずくんの頭のなかは海の不思議でいっぱい。写真を見ては,自分で教材を選び気のすむまで,作りつづけていました。
　こんなかずくんのパワーのすごさに驚きました。

　「なんだろう？」「どうしてだろう？」は子どもの興味や関心が深まり，探求心が旺盛になっている証拠です。そして「……かもしれない」「もしかしたら……になるよ」といった洞察力や推理力も育っていったのです。

★「できた！」という喜びにあふれていた（達成感・有能感）
　私は，毎月何度かこのアフタースクールを訪れては，子どもたちの変化を記録していきました。そして，一番うれしかったのが，自分たちの作ったものを見せに来て「……はこうなっていて……こんなふうに使うの」と説明をしてくれる子どもがいたり，そっと私の肩を後ろからトントンとたたき，自分の作品をこっそり見せてくれたり，今遊んでいる遊びに誘ってくれたり……。その中にいつも，私が福岡を訪れると，「また来たんか」とうれしそうに声をかけてくれるたかくんがいました。

　たかくんは，ブラジル製のパンをおやつに食べてから，ブラジルにとても興味を持ったらしく，木片がたくさん置いてあるコーナーで，一人「これではない」「これもちがう」と木片と格闘していました。「たかくん，何作っているの？」とかおり先生がたずねると，「ブラジルの家作りよると」との答え。ところが，どうもブラジルのイメージがはっきり沸かないで困っているよう。しばらく見守っていましたが，なんとかしてイメージの手助けになるものはないかと考えて，か

おり先生はブラジルの生活や子どもの姿が載っている本を探し出して，たかくんに見せました。すると，一気にイメージに火がついたかのように木片を接着剤で組み合わせはじめたのです。途中，かずくんも加わって「テレビはどこに置く？」「ブラジルは暑いから，壁は薄くていいね」など2人で相談しながら着々とブラジルの家が完成していきました。そして，その出来あがった「ブラジルの家」を保育者や友だちに見せているたかくんは，とても誇らしげな表情をしていました。
　子ども自身が「できた」という気持ちがもてるように援助するタイミングというものは，本当にむずかしいものです。

　このように，テーマ保育では「できたよ！」「知ってるよ！」「見つけたよ！」といった達成感や有能感がそれぞれの子どもの表情に満ちていました。アフタースクールの子どもたちは3歳から6歳までの異年齢の集まりですから3歳児は3歳なりの達成感があるだろうし，6歳児は6歳児なりの達成感があります。そして，個々の持っている気質や性格によってもその達成感はちがってきます。しかし，そこには一様に楽しそうで満足そうな子どもたちの自信に満ちた笑顔と輝く瞳がありました。「できた！」という感動は「きっとできる！」という有能感や自信になっていくことを子どもたちの瞳の輝きから教えられました。
　アフタースクールのテーマ保育を通しての個々の育ちをまとめると図3-8のようになると思います。何かを創り出す，創り出したいという創造性を中心としながら，想像力（イマジネーション），集中力，洞察力，推理力，充実感（有能感・達成感）が育ちました。一つひとつの力が独立して育つのではなく，それぞれがあたかも渦をまくように，連環，影響し合いながら大きな力となって育ってい

図 3-8 テーマ保育を通しての個々の育ち

ったものと思います。そして，その育ちの原動力となったのが，感動だったのではないでしょうか。心から感動したとき初めてこのような力が総合化されていくのだと思います。そして，これが自分で生きる力，生きていく力なのだと思います。

◆みんながいっしょに育った―共生を通しての育ち◆

★「いっしょにやろうか！」が言える（協力・協調・仲間意識）

　アフタースクールは異年齢の集まりですから，いっしょに遊ぶといっても年齢差を越えて協力をしながら遊びをすすめるということがなかなかむずかしかったのが現実でした。また，幼稚園はちがうけれど，このアフタースクールを利用している子どももいて，共有できる話題も違っていることもあり，みんなで遊ぶというのがたいへんな時もありました。ところが，このテーマ保育を始めて，年齢の差はもちろん，今まであまりかかわりを持たなかった子どもたちがいっしょに遊ぶことが多く見られるようになったのです。

かずくんはいつも，元気に幼稚園を走り回ったり，戦いごっこが大好きな活発な男の子でした。たかくんは，どちらかと言うと知性派で物のしくみや言葉の意味などとにかく詳しくて，まじめタイプの男の子でした。そして，タイプの違いからか，いっしょに遊ぶことはあっても長続きはせず，また別の遊びをするといったことが多い２人でした。地球バルーンにみんなの国を作っているときでした。かずくんはとにかく乗り物にとても興味を示して，みんながバルーンに自分の国を貼っていても，かずくんだけは，いろんな国に行ける乗り物をこつこつと作っていました。「ほら，バナナロケットだよ」「ロケットは空を飛ぶから，空に貼りたいな……」「爆弾もあるよ」「こっちのロケットも合体させよう！」など一人でどんどん自分の発想を形に表していて，保育者もとにかくびっくり。そのかずくんの乗り物にいつのまにか，たかくんやけんたくんといった，男の子たちが群がっていました。そして，「いっしょにやろっか！」というたかくんの一言から「ここにもロケット貼ろうぜ！」「俺は飛行機作る」「このロケットとも合体させたら，最強になるかな？」「ぼくも，いっしょに作るよ」とほとんどの男の子たちが，乗り物を作り，作ったものを合体させたり，うまく貼れない友だちには，イスを持ってきてあげたり，手を貸してあげたり……。こんなに男の子たちが仲良く遊んでいる光景は今までにありませんでした。それぞれの子どもが自分の目的に本気でじっくりかかわってきたからこそ，友だちにも本気で共感できるのだと思いました。「地球」の次のテーマ「人間」でも「トラベル」でも，何かというと，相談してはいっしょに遊ぶ姿が見られるようになりました。

「ここはこうして…」「うん，うん」

★○○ちゃんってすごいね！（他者理解・受容）

　テーマ「人間」のときでした。「こんなふうにすると……」と言いながら，まさえちゃんやさらちゃん，めぐちゃん，など女の子たちがお家ごっこに使う友だちつくりをしていました。大きな紙に等身大の人間の絵を描いて切り取り，色を塗ったり，ドレスを着せたり，いかにも女児らしい遊びで，いかにかわいらしく作るかが，彼女たちの重要な課題でした。ところが，れいなちゃんはかわいく作るよりも，もっとその等身大の紙人形で遊びたかったのでしょう。何だかつまらなさそうに，うろうろ……。保育者はその姿をひとまず見守ってみることにしました。

　しばらくして，れいなちゃんが保育者のところにきて，「この子をおんぶさせて！」と言ってきました。「そう，れいなちゃんは，おんぶしたかったのね。れいなちゃんはおかあさんになったのかな？」とみわ先生が言うと，にこっと笑って，「そう」と言って，紙人形をおんぶしながら歩いているれいなちゃんの顔は誇らしさに満ちていました。そのれいなちゃんをみた女の子グループが「れいなちゃん，すごいこと考えたね」「いっしょに仲間にいれて！」と言いだしました。それを見ていた男児も「れいな，すごいや！」。遊びにとまどい，仲間に入りきれなかったれいなちゃんだったのに，一躍人気者になってしまいました。

「おかあさんだよ」

★だれとでも遊べるよ！（柔軟性・積極性）

　テーマ「地球」のときでした。私がハワイ旅行に行き，おみやげ物のコーナーに，子ども用のフラダンスコスチューム（髪飾りと腰みの

とレイがセットになっている）を目にし，思わずアフタースクールの子どもたちが喜ぶだろうと5セット買って帰ってきました。さっそく，アフタースクールの子どもたちに見せたところ，とくに女の子たちが大喜び。私も，私も，と順番に身につけてはフラダンスらしきものを踊りはじめるのです。「ハワイの子どもとも遊びたいな」「ハワイの子どもはどんなことして遊ぶのかな」と，いろいろな国に興味を持ったことから，いろんな人と遊びたい，会いたいという気持ちが子どもたちの心のなかに生まれていました。

その後，テーマ「人間」のときです。家族ごっこがはやって，いろんな家族になって遊んでいたのですが，たまたま私の知っているドイツの幼稚園の写真を見せたところ，「贈り物を作って友だちになってもろおうよ」と子どもたちから提案が出たのです。保育者は，子どもたちの心のなかに「いろいろな国の人と友だちになりたい」「だれとでも仲良く遊びたい」という思いが育ってくれればという願いは持っていましたが，こんなにもスムーズに，それも子どもたちから言い出してくれて，本当にびっくりしました。もし，先生のほうからの提案だったらこれほどドイツの友だちとの楽しい関係づくりはできなかったかもしれません。その後も，機会をみてはドイツの幼稚園とは手紙や製作物を交換して交流しています。

このような経験が，幅の広い人間関係を築く基礎になると，この事例から改めて思いました

アフタースクールでは，個々の育ちをたいせつにするとともに，友だちとのかかわりで育つ力にも着目してきました。それが，共生＝ともに育ち生きる力です。このテーマ保育では共生はどんな役割を果たしていたのでしょうか。「一人でやっても楽しいけれど，みんなとやるともっと楽しいね」という心を育てたいと考え，ひと

つの大きな同じ目標を設定しました。それが「テーマ」でした。テーマという同じ目的意識を持ちながら、自分の遊びを徹底的に遊び込む一方、友だちの遊びから新たな刺激を受け、さらには友だちと遊びをいっしょに作り上げたり、時にはぶつかり合ったりと「交換」「共有」しながら、子どもたちは遊びを発展させていきました。

このテーマ保育を始める前は、仲良しの友だちとはよく遊んでも、なかなか打ち解けない友だちもいましたが、今はちがいます。友だちの新しい発見にはまるで自分のことのように素直に喜び、感動し「すごいね！」と言え、その遊びをすぐに自分の遊びに取り入れる姿。これが本当の共に遊ぶ、共に学ぶ、共に生きる、「共生」なのだと思いました。

意見があわずケンカがおきたことも何度もありました。しかし、いっしょに仲良く遊ぶ前提には、お互いのコミュニケーションが不可欠。ケンカも重要なコミュニケーション（自己主張力）のひとつなのです。たくさんのやりとりから、豊かな、そして本物のコミュニケーションが生まれました。友だちと共有することで自分の遊びがもっと楽しくなること、そのためには譲ったり、がまんしたりすることもたいせつであるという社会性や協調性も身につきました。本気でかかわったからこそ本気でクラスメートを信頼し、愛することができるようになったのです。

子ども一人ひとりの自己充実と友だちとの充実した信頼関係は切り離せないものであることを、そして子どもたちが、子どもたち自身の意思で育っていけるように脇役に徹することが保育者にとって欠かせないということを、この実践から私も学びました。

そして、じっくり友だちと取り組んだ遊びは、再び形を変え子どもたちの力で新しい方向へと発展していくものであることも確信で

きました（図3-9を参照）。

図3-9　ともに生きる力の育ち

(3) 保育者が変わった

　アフタースクールでみられた「変化」は子どもたちのものだけではありませんでした。保育を実践する保育者自身も変わったのです。まさに何が変わったから，何といった直線的な因果関係ではなく，お互いが刺激となって，相互に変化，そして成長していったのです。この変化の主役は子どもでしたが，本気で保育に取り組もうとした保育者の勇気と決意と子どもへの限りない愛がなかったなら，けっして生まれなかった結果だったといっても過言ではないでしょう。ここでは保育者の何が変わったのかをみていきます。そこから保育者の役割もみえてきそうです。

① 保育者の気づき－目からウロコが落ちた瞬間

　テーマ保育「地球」が終了し，次のテーマについての話し合いをするなかでの保育者の感想です。

◆みわ先生◆

　とにかく,自分の保育観に衝撃を覚えました。目からウロコが落ちるとよく耳にしますが,自分では実感がありませんでした。自分流に言えば,今までの自分の身にまとっていた皮がズルッと剥けた感じなんです。

　保育者主導の保育になってはいけないと思い,自分では子どもの気持ちを汲んでいたつもりなのですが,このテーマ保育を始めて,なんでもOKサインを出して子どもとかかわって,心の中では子どもの力にも限界はあるのだし,できないことも多いのだからきっと助けを求めにくるだろうと思っていました。また,テーマについてもきっと限界がきて遊びにも限界が訪れるかもしれないと,タカをくくっていました。

　ところが,その予想は大きく外れました。この子がこんな力持っていたんだと今まで気づかなかった子どもの力に驚く日々の連続でした。自分から「……やってもいい？」「これ使ってもいい？」「これとこれをくみあわせると……」なんて言葉を発する子どもだとは思っていなかったんです。子どもの潜んだ力をみるチャンスに出合え,大きく保育内容等を転換したことがきっかけとなって本当によかったと思っています。

　自分なりに「子どもの遊びを本当にたいせつにしてきている？」と疑問をもちはじめていたところでした。そして,このテーマ保育をやってみて「はっ！」と思ったことは,決められた（保育者が決めた）活動をこなすことは本当の遊びじゃないこと。そして,遊びは子どもどうしの中で生まれ,そして学びが生まれることを知ったことです。保育者として,指導するのではなく,子どもの遊びをサポートすることのたいせつさを実感できました。そして,個を見つめることもできたように思います。子どもの目線に立つということについても頭ではなく実感として今ではわかるような気がします。

◆かおり先生◆

　今まで，子どもの興味や関心をたいせつにすると頭ではわかっているのに，保育者が「こうしたら……こういった答えが出る」のは当然と思っていました。また，個々をたいせつにと思っていても，自分の願う結果を求めるあまり，みんなの興味や関心が同じであってほしいと思ってしまい，結局同じようなペースで子どもたちが遊んでくれないと，落ち込んだりして，同じ答えが返ってくるのを当然だと思っていたのかもしれません。そして，同じ答えが返ってこないことに疑問さえ感じていたのが本音だと思います。

　このテーマ保育に取り組むことになって，不安の連続でした。どこまで広がっていってしまうのかという先の見えない不安と，同じ答えを求めてしまう自分との戦いでした。「地球」というテーマから自分はこの活動には，はさみ，のり，紙など作る物ばかり考えていました。ところが，子どもたちが「地球」というテーマから遊びだしたのは，住居（おうちごっこ）だったり，地球にいる人々に関心をもったり，食べ物だったりと保育者の予測はまったくはずれました。そして，活動の幅が広がったことで，子ども一人ひとりの力のちがいが明確に見えるようになって，その子どもに応じて助言や援助できるようになりました。また，今までは導入に力を入れるのは，よい結果を望んでいたからだったように思います。このテーマ保育では，導入をていねいにすればするほど，子どもたちがどんどん自分たちで動き始めるのにも驚きました。そして，子どもたちに同じ結果を求めなくなりました。それぞれの子どもたちがもっている目的に応じて，子ども自身でその活動を進めていければよいと思えるようになりました。そして，決められた素材や活動の中で遊ばされていた子どもは苦痛だっただろうなと今では思えます。

　また，そんなに力はないと思っていた子どもがこの保育を通してこんなにも力を持っていることをあらためて発見できました。

◆園長先生◆

> 「やっていい?」と保育者の顔色をうかがいいながら聞いてきた子どもたちが,「これ,用意して!」と自分たちから動き出したのにはとても驚きました。どうしてなんだろう? なんでも「あり」を提示したからなのか? など,子どもの変化にとまどう自分がいました。以前いた職場では,製作といえば自宅に持ちかえったり,展示する都合もあって,多少の自由度はあっても同じものを作らせていました。今,その光景を思いうかべるだけで,なんて恐ろしいことをしていたんだろうとさえ思います。結局,子どもの達成感ではなく,保育者自身のなかだけの達成感や満足感だったと思うようになりました。そして,「抑えるだけ,まとめるだけが保育ではないな」と身をもって感じてきました。自分(保育者)が楽しんでできるなと思う活動がたいせつなのではと思います。しかし,子どもの発想の方が豊かで,次はどんなことを言ってくるかなとか,きっとこんな活動が始まるかなと予測するのですが,こちらが考えた活動には見向きもしなかったりと,子どもの活動を予測するのがとても苦しく,たいへんでした。そんななかで,子どもと本気になって活動が生き生きと展開したときの喜びは今まで味わったことのない幸福感に満ちていたと思います。

アフタースクールの保育者は,テーマ保育といういう従来とまったくちがった切り口から保育を見つめることで,それまで気づかなかった保育者の陥りやすい落とし穴や呪縛を実感を持って知りました。

個々の子どもの気持ちを受け入れ,個々の発達に合わせた援助がたいせつであると頭ではわかっているのですが,カリキュラムを立て,こんな遊びが広がるときっと楽しいなと予測をして,子どもに向かいます。保育者は今日,その時がベストと思って,教材をあれ

これ用意しているのに，一人ひとりの子どもの状態や気持ちはどこへやら……。「今日はね，みんな……したいって言ってたから先生，……持ってきてみたの」と教材を押しつけたり，どうも気の乗らない子どもを見かけるとしつこく「いっしょにやってみようよ！」「これはどう？」「あれはどう？」考える余地も与えずに，自分のペースに子どもを巻き込もうとしてしまうのです。そして，「今日は……をしなければならない」といった保育者のねらい（カリキュラム）の呪縛にあってしまうのです。不思議なことに，そんな保育者でもほとんどの子どもはつきあってくれますから，保育者だけの自己満足だったことにも気づけない，そんな保育が展開されていることが少なくないのです。

ところが，アフタースクールのプログラムは子どものつぶやきを集め，そのつぶやきのなかに込められている子どもたちの気持ちを読み取り，さらに「育ってほしいと願う保育者の思い」を毎日毎日，打ち合わせをしながら肉づけし，保育をすすめていました。そうすると見えなかったものが，見えてきました。

> テーマ「地球」の活動が中盤にさしかかったある日のおやつの時間でした。その日のおやつはパン。かおり先生はふとその袋に「ブラジル生まれの～パン」という文字を見つけました。ちょうど2週間前，世界のいろいろな国の料理をみんなで食べて以来，保育者も子どもも「○○国の食べ物」という言葉にすぐ反応するようになっていました。「食べる」ということに興味をもっている今だ「よーし，このパンのことは，みんなに知らせなくっちゃ」とかおり先生は思いました。子どもたちからどんな反応がでるか，わくわくしながら「ちょっと見て！見て！　今日のおやつはブラジルのパンだよ！」すると先生の予想通り，「えーブラジル？」「ホント？」「ブラジルのパンだって！」

先生が思っていた通り，いやそれ以上の反応で，みんなブラジルのパンに飛びついてきました。

いつものおやつの時間では「これ，いらない」「これは，食べない」とわがままや，好ききらいを言っていた子どもたちなのに，ブラジル（国）という言葉にひかれたのか，めずらしく，全員のお皿にブラジルのパンが乗りました。「いただきます」の前から臭いをかいでいる子ども，「ゴマがついてるー」とゴマをむしる子どもなど……。「このパン硬いよね」「このパン好き」「ブラジルのパンっておいしいね」と子どもたちの評判も良く，大騒ぎのおやつでした。

テーブルに置かれている地球儀を見ながら，「あっ！ブラジルがあった」「ここか，ブラジルは！」と位置を確認する子どももいました。何回もおかわりしている友だちに「そんなに食べたら，ブラジル人になっちゃうぞー」とたかくん。この後，たかくんはブラジルの家を作り始めたのでした。

このように，子どもの興味関心を敏感に察知し，すぐ保育に取り入れていく。そんなセンサーを保育者は常に持っていなければならないこと，さらに保育者の役割についてもこの活動を通して，再認識することができました。

② **保育者の何が変わった？**

◆子どもと遊べるようになった◆

預かり保育としてのアフタースクールは，保育時間も短く，子どもの年齢もその日のメンバーもちがうので，継続した遊びを援助するのがとてもむずかしく，その日の活動の良し悪しは保育者のリーダーシップにかかっていると，テーマ保育を取り入れるまでは錯覚していたのです。

テーマ保育の初日。たくさんの予測とたくさんの環境（素材や遊

具など)を用意し,待ち構えていた保育者は,最初からそのむずかしさの壁にぶつかったのです。なんとか「地球」というテーマを理解してもらおうと結局必死になって,子どもたちをその世界へ引き込もうとしてしまっていました。

　何でも「あり」ですから,予測が狂うことの連続で,毎日毎日が反省の連続です。きっと明日あたりになったら,「探検ごっこしようよ！」と言ってくるかもと思い,探検ごっこが盛りあがるように網や帽子など用意していたところ,いろいろな国の食べ物に突然興味を示しはじめ,あわてて「それならば,いろいろな国の食べ物を,みんなで食べてみようか」という言葉かけをし,急きょ「ねらい」を変更しました。

　子どもの興味や関心にどこまで沿って,保育者がどこまで援助し,どこまで予測するのかなど,悩みは尽きません。先の見えない不安と戦いながら「これで,本当にいいの？」「ただ,遊んでいるだけじゃないの？」「勝手気ままばかりしていたら,みんなで遊ぶ楽しさを体験させてあげることができないのじゃないかしら？」「興味を持ってくれると思って用意したのに……（残念）」「明日はどうなっちゃうんだろう」など,悩みだけではなく,落ち込んだり,ときには奮起したり,またがっかりしたりと,葛藤の連続だったようです。私が訪問すると,待っていたように保育の記録を見せてくれ「これでよかったんでしょうか？」と確認を求める保育者の姿がありました。

　しかし,今まで見たこともない子どもたちのキラキラ輝く瞳を保育者自身が発見できたとき,「この保育にはきっと何かある」と確信したそうです。そして,それ以来,子どもよりも瞳を輝かせて,保育の報告をしてくる保育者の姿がありました。

「冨田先生，地球について一番知らなかったのが私でした。子どもたちのほうが物知りなんですよ。だから，昨日，図書館に行って地球について調べちゃいましたよ」とみわ先生。「お休みの日，買い物にいったんですけど，あっ！この民族衣装，子どもたちに見せたらきっとよろこぶなと思って買っちゃいました。私もなんだか，着たくなっちゃって！」とかおり先生。もう，子どもより先生の方が，「地球」のテーマにはまっていました。

アフタースクールの保育者は，子どもを遊ばせるのではなく，子どもと遊べるようになりました。どんな遊びをしようかなと，常に保育者がリードして遊びを考えることが，いつしか習慣になってしまったのです。子どもに何かするのではなく，子どもの遊びに保育者が引き込まれ遊べるようになったのです。「この子どもがそんなことできるはずがない」と決めつけていた保育者が，「この子にも，こんなすごい力があったんだ！」と子どもたち一人ひとりに潜んでいる力を発見し，その力の大きさに感動したときから，子どもといっしょに遊べるようになりました。子どもと同じ「すごいね」「なんておもしろいんだろう」「楽しいね」「とっても幸せ」といった感動の気持ちも共有できるようになりました。いっしょに遊び，いっしょに発見し，いっしょに楽しみ，いっしょに喜び，いっしょに見つめることができるようになったのです。

◆**本気で遊べるようになった**◆

子どもといっしょに遊ぶうちに，いつしか自分も童心に返り，夢中になって遊ぶようになっていきました。「……がいいと思うな」とけんたくんが言うと「先生は……のほうが好きだな」と上下関係はすっかりなくなり，対等に子どもと会話しながら，子どもに負けないくらい遊びに没頭していました。今まで常に保育者の心を占め

ていた「……しなくては」といった何かしなくてはいけない保育者像はすっかり消え「……してみたい」「……しようよ！」「……はどうかな？」「私のほうが先にわかったけんね」など，保育する側から，ともに遊ぶ，ともに生きる一人のおとなに変身していきました。

「こんなにも，地球って不思議でおもしろいなんて，今まで気づきませんでした」と言いながら，瞳を輝かせて地球の不思議について語る保育者は，子どもと同じ目線にいつしか立っていました。

> テーマ「人間」が始まる少し前，私と保育者で新しい教材を探しに買い物に出かけました。「人間」というテーマではどんな遊びが広がるんだろうと，わくわくしながらいろいろな材料を見て歩きました。園長先生もいっしょになって「このかつら，変身ごっこになるんじゃないの？」と自分でかぶってみたり，保育者にかぶせてみたり，まるで子どもです。すると，みわ先生とかおり先生は「心臓」や「人体」の模型を持ってきて「これ本物にそっくりやね」「私たちが恐いな」などと恐がったり，喜んだり……きゃーきゃーとその日は大騒ぎ。子どもの気持ちになって，いえ，みずからが子どもにもどって，教材と戯れる姿こそ，本物の保育者の姿なんだとわたしは実感しました。そこに保育者が忘れてはならない保育の心が感じられたのです。

こうして保育者自身が自分で遊び，自分で発見し，自分で楽しみ，自分で喜び，自分自身と子どもと遊びの価値をじっくり見つめられるようになりました。

◆子どもを信じることができるようになった◆

子どもが自分で遊びを探すまで「待つ」「見守る」ということと「させたい！」という気持ちの葛藤もありました。遊びが広がらず，何かをしてあげたい，してあげることが保育だという思い込みがぬぐい切

れませんでした。初めのうちはテーマ保育の自由さにとまどっていた子どもも,自分で遊びたいものを発見して遊んでもよいというこの保育のルールが理解でき,保育者も少しずつがまん強く待てるようになったころ,子どもたちもどんどん遊びはじめたのです。その子どもたちのたくましい姿を目にして初めて待つことの価値を知りました。

　しかし,悩みはつきません。どこまで子どもに任せ,どこで方向を見定めるのか。遊びをいっしょに十分に楽しむことはできても,結局子どもの何も育てていないのではといった不安に襲われることもしばしばでした。そんな不安も子どもたちの楽しそうな,そして力強い遊びに支えられ,いつしか消えていきました。子どもの本当の力を知ったときから,心から子どもたちを信じることができるようになったからです。「この子たちなら,きっとだいじょうぶ」「この子たちの力は本当にすごい!」と心から思えるようになったことで,子どもとの信頼関係も強い絆へと変わっていきました。

> 　かっちゃんはまだ3歳,アフタースクールのなかでは一番最年少。「地球」なんていうテーマがわかるどころか,「地球」という言葉さえ,この時初めて耳にしたにちがいありません。みんなが地球儀をみたり,地図に色塗りをしたり,それなりに「地球」に少しずつ興味を示し遊びはじめていたころも,かっちゃんにとってはまったくなんのことかチンプンカンプン。一人,ブロックを保育室じゅうにばらまいたり,おままごと用の豆やマカロニをばらまいたり,とにかくじっくり遊んでくれません。今までだったら「かっちゃん,いっしょにこれやってみる?」「これはどう?」と,なんだかんだと保育者が遊びを用意してしまうのですが,かっちゃんが興味を持つまで待つことにしました。自分で興味を持てばきっとそのうち仲間に入ってくると,かっちゃんを信じ待ちました。

> 地球のようすを写したビデオを借りたとき、せっかくだからと、大型のビデオプロジェクターを用意し、大画面（まるで映画）で地球のようすを保育室で見ることになりました。みんな興味を持って集まってきました。かっちゃんはというと……？ その装置のめずらしさにひかれてか、みんなといっしょに座っているではありませんか。地球のいろいろなようす、海、砂漠、動物が次々と大画面に写し出されるたびにかっちゃんは「ひゃー、キャー」と奇声をあげ、大興奮でした。
> その日からかっちゃんの「地球」が始まったのです。

　人を信じることは、とてもむずかしいことです。アフタースクールの保育者は、子どもといっしょに遊べるようになり、自分でも本気で遊べるようになった、だからこそ本物のコミュニケーションが子どもと保育者の間に生まれ、信頼し合えるようになったのだと思います。

◆**なぜ変われたのか**◆

　なぜ、こんなにもアフタースクールの保育者が変わることができたのでしょうか。この保育に携わった保育者は7年から10年以上のベテランの保育者です。ベテランの保育者ほど変わりにくいのも事実です。そのベテラン保育者が、自分の変化にさえ驚いているくらいです。なぜ変わることができたのか……。それは、日々の保育にジレンマや疑問を持っていたからです。「これでいいのだろうか？」「どうして？」といった問いを常に心の中に持ちながら保育することは、マンネリや自己満足に陥らないためにもとても重要なことです。

　そして、アフタースクールの保育者が、みずから変わろうと決めたことです。保育は日々流れていくもので、その時なんとかしなく

てはとか,これでいいのだろうかなど悩むことはあっても,翌日になり,数か月もたつと薄れてしまい,日々の保育に追われるなかで見失ってしまうことが多く,思いきってがんばらないとなかなか変わることができないものです。

アフタースクールのリニューアルという大きな目的が「変わろう,変わりたい」といった保育者の強いモチベーションをさらに引き上げてくれました。そして,走りだしたのです。走りだすまでもたいへんですが,がんばって走り続けた,今も走り,挑戦し続けているアフタースクールの保育者がいます。

彼女たちはなぜ変われたのでしょうか。それは,子どもを心から大好きで,愛していたからでしょう。だからこそ,苦しくても子どもを待ち,見守り,任せることができたのでしょう。そして,子どもに任せる,子どもを信じる勇気を持ったからだと思います。

③ アフタースクールの保育者が心がけたこと

アフタースクールの保育者は図3-10に示すような保育指針を立

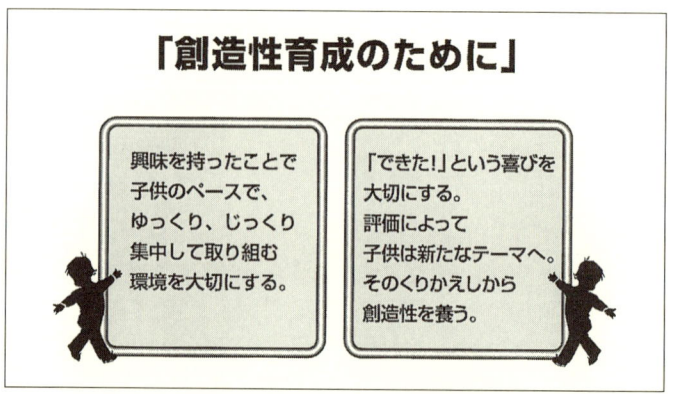

「創造性育成のために」

興味を持ったことで子供のペースで,ゆっくり,じっくり集中して取り組む環境を大切にする。

「できた!」という喜びを大切にする。評価によって子供は新たなテーマへ。そのくりかえしから創造性を養う。

図3-10　アフタースクールの保育方針

て，保育にあたりました。この保育指針でたいせつにしたことは，子ども一人ひとりのペースつまり，子どもの発達の速度，興味や関心の深まりの度合いや速度，子どもの日々のコンディションなど，子どもの活動に作用するすべての条件を観察し，理解し，子どものじっくり，ゆっくりを育てようとしたことです。そしてもう一ついせつにしたことは「できた！」という感動です。どんな小さな感動も見逃さないように，常に子どもの目線を意識して，みずからが子どもと同じ気持ちになり，子どもの感動した気持ちを受け止め，賞賛し，いっしょに喜び合うことを通して，新しい感動に取り組める意欲を育てようと考えました。そして，さらに「創造性の伸ばし方」として掲げられている項目（松原，1996）を参考に，常に子ども主体の活動の中で創造的な活動が展開していけるように配慮してきました。参考までに，「創造性の伸ばし方」と，反対に「創造性を殺すもの」を紹介しましょう。

創造力の伸ばし方	創造性を殺すもの
・自由にさせること	・監視すること
・批判しないこと	・評価すること
・笑わないこと	・焦り
・ほめること	・判定すること
・遊ばせること	・競争すること
・健康にすること	・挑戦をさけること
・困難な体験をさせること	・特定の方向づけ
・質問にじょうずに応えること	・うその誉め言葉
・外交的に性格を積極的にすること	
・考える玩具（遊具や素材）を与えること	

2 パラダイムの変革とその意義―なぜ変わったのか

　アフタースクールでの取り組みはまさにパラダイムの変革でした。今までの保育通念をくつがえすような試みに挑んだからです。そしてその挑戦は，預かり保育のあり方，さらにはこれからの保育の課題や方向性を探るきっかけになりました。

　保育通念は長い年月の積み重ねや社会の現状から今に至り，できあがってきたものでしょう。しかし，「今までは……」「かくあるべき姿は……」という融通のきかない考え方や，保守的に何かを踏襲するやり方では，現代社会の大きなうねりにはついていけないと思います。もちろん基礎・基本はとても重要なことです。しかし，基礎・基本を上から下から，斜めから見直すことも，新しい道を探すきっかけになるのではないでしょうか。

　アフタースクールでは，ゼロベースにもどってスタートを切ったことが，結果としてパラダイムを変えることにつながったのです。

(1) カリキュラムからの解放が環境を変えた

　カリキュラム立案のスタンス（パラダイム）が変わることで，それまでのカリキュラムの呪縛から解放され，何をやってもだいじょうぶといった「ゆとり」が保育に生まれました。カリキュラムは保育には欠かせない重要なものです。しかし，熱心に立案すればするほど，カリキュラムに縛られたり，結果として保育者主導になってしまったりといった，保育の落とし穴がそこには潜んでいます。この落とし穴の危険性について，一般の保育現場でおこっている問題点ともからめながら，保育におけるカリキュラムの意義と「アフタ

ースクールカリキュラムのパラダイム変革」という実践を通して，カリキュラムにおけるパラダイム変革の意義を探りたいと考えています。

① カリキュラムとは

　保育という営みは，幼児の発達を保障して，望ましい人間として成長していってほしいという「保育の願い」を実現しようとする活動です。そして，そこでは願いを具体的に実現させていくための計画的な働きかけ，子どもの成長や発達に即した働きかけのしかたを計画する必要があります。その計画的な働きかけ（保育者の願い）を時系列で具体的に表したものが指導計画です。

　この指導計画は，幼稚園教育要領や保育所保育指針に示されている基本をもとに，各幼稚園や保育所または，地方自治体レベルで，地域の特性や子どもの実態，季節などいろいろな要素を検討したうえで，それぞれに立案されています。

　アフタースクールは3歳以上の子どもを対象とした預かり保育なので，3歳以上の子どもを対象とした指導計画についてみてみましょう。幼稚園教育要領も保育所保育指針も3歳以上の保育についてはほとんど内容を同じにしていますので，幼稚園教育要領の一部を紹介し，カリキュラムの基本的な考え方を確認したいと思います。

◆幼稚園教育要領における指導計画◆

　幼稚園の基本の項で「……幼児の主体的な活動が確保されるよう幼児一人一人の行動の理解と予想に基づき，計画的に環境を構成しなければならない。この場合において，教師は，幼児と人やものとのかかわりが重要であることを踏まえ，物的・空間的環境を構成しなければならない。また，教師は，幼児一人一人の活動の場面に応じて，様々な役割を果たし，その活動を豊かにしなければならない」

と計画的な環境の構成とその援助について述べています。

教育課程の編成の項では,「各幼稚園においては,法令及びこの幼稚園教育要領の示すところに従い,創意工夫を生かし,幼児の心身の発達と幼稚園及び地域の実態に即した適切な教育課程を編成するものとする」と指導計画つまり,広義では教育課程を編成することを義務づけています。

その指導計画におけるねらいやその内容については,5領域(健康,人間関係,環境,言葉,表現)から,どのようなねらいで,どのような内容を配列し,その内容を取り扱うときは,どのようなことに留意するかまで,具体的にていねいに説明されています。

そして,指導計画については「……幼児期にふさわしい生活が展開され,適切な指導が行われるよう,次の事項に留意して調和のとれた組織的,発展的な指導計画を作成し,幼児の活動に沿った柔軟な指導を行わなければならない」として,指導計画立案の義務を示し,さらにその立案に当たっての留意事項(資料3-1参照)について示しています。この留意事項に,指導計画とは何か? の問いの答えが隠されているように私には思えます。

資料 3-1

一般的な留意事項

(1) 指導計画は,幼児の発達に即して一人一人の幼児が幼児期にふさわしい生活を展開し,必要な体験を得られるようにするために,具体的に作成すること。

(2) 指導計画作成に当たっては,次に示すところにより,具体的なねらい及び内容を明確に設定し,適切な環境を構成することなどにより活動が選択・展開されるようにすること。

① 具体的なねらい及び内容は，幼稚園生活における幼児の発達の過程を見通し，幼児の生活の連続性，季節の変化などを考慮して，幼児の興味や関心，発達の実情などに応じて設定すること。
② 環境は具体的なねらいを達成するために適切なものとなるように構成し，幼児が自らその環境にかかわることにより様々な活動を展開しつつ必要な体験を得られるようにすること。その際，幼児の生活する姿や発想を大切にし，常にその環境が適切なものとなるようにすること。
③ 幼児の行う具体的な活動は，生活の流れの中で様々に変化するものであることに留意し，幼児が望ましい方向に向かって自ら活動を展開していくことができるよう必要な援助をすること。
　その際，幼児の実態及び幼児を取り巻く状況の変化などに即して指導の過程についての反省や評価を適切に行い，常に指導計画の改善を図ること。
(3) 幼児の生活は，入園当初の一人一人の遊びや教師との触れ合いを通して幼稚園生活に親しみ，安定していく時期から，やがて友達同士で目的をもって幼稚園生活を展開し，深めていく時期などに至るまでの過程を様々に経ながら広げられていくものであることを考慮し，活動がそれぞれの時期にふさわしく展開されるようにすること。特に，3歳児の入園については，家庭との連携を緊密にし，生活のリズムや安全面に十分配慮すること。
(4) 長期的に発達を見通した年，学期，月などにわたる指導計画やこれとの関係を保ちながらより具体的な幼児の生活に即した週，日などの指導計画を作成し，適切な指導が行われるようにすること。とくに，週，日などの指導計画については，幼児の生活のリズムに配慮し，幼児の意識や興味の連続性のある活動が相互に関連して幼稚園生活の自然な流れの中に組み込まれるようにすること。
(5) 幼児の行う活動は，個人，グループ，学級全体などで多様に展開されるものであるが，いずれの場合にも，幼稚園全体の教師による協力体

> 制をつくりながら,一人一人の幼児が興味や欲求を十分に満足させるよう適切な援助を行うようにすること。
> (6) 幼児の主体的な活動を促すためには,教師が多様なかかわりをもつことが重要であることを踏まえ,教師は,理解者,共同作業者など様々な役割を果たし,幼児の発達に必要な豊かな体験が得られるよう,活動の場面に応じて,適切な指導を行うようにすること。
> (7) 幼児の生活は,家庭を基盤として地域社会を通じて次第に広がりをもつものであることに留意し,家庭との連携を十分に図るなど,幼稚園における生活が家庭や地域社会と連続性を保ちつつ展開されるようにすること。その際,地域の自然,人材,行事や公共施設などを積極的に活用し,幼児が豊かな生活体験を得られるように工夫すること。
> (8) 幼稚園においては,幼稚園教育が,小学校以降の生活や学習の基盤の育成につながることを配慮し,幼児期にふさわしい生活を通して,創造的な思考や主体的な生活態度などの基礎を培うようにすること。

② カリキュラムの落とし穴

◆言葉に潜む罠◆

　上記に示した幼稚園教育要領や保育所保育指針の基本を踏まえながら,それぞれの幼稚園や保育所ではカリキュラムが編成されていると思います。しかし,紹介した幼稚園教育要領の中の次の言葉からどんなことを連想しますか?「適切な環境」「適切な援助」「望ましい方向」「ふさわしく展開」「適切な指導」「ふさわしい生活」「豊かな生活体験」など,とても抽象的な表現がめだつとは思いませんか? どのような状態が適切なのか,どのような経験が豊かなのか,ふさわしいとはどんなことなのかなど,実際の幼児を目の前にした時,具体的な言葉や行動として思い浮かべることができません。

　現場では日々,刻々と子どもたちが遊び,生活をしています。そ

のような時どのように計画を立て，どのように援助するかは，現場の保育者一人ひとりに任せられています。おそらくこれらの言葉の解釈や実態としての保育内容は，保育者によってかなりちがってきてしまうのが実際のようです。

　保育者の自由な発想・個性もたいせつですが，教育要領などに掲げられている抽象的な表現は，保育者のひとりよがりな解釈を呼びかねない危険性も含んでいるともいえるでしょう。

◆保育者主導・カリキュラム主導◆

　その年齢の発達に必要な経験や活動を，子どもの実態に即して，カリキュラムの形に作成したとします。作成する際には，たぶん保育者はみんな，前日までの子ども一人ひとりの遊びや表情，友だちとの関係などを頭に思い浮かべながらていねいにカリキュラム（年間指導計画でも，期案でも，週案でも，日案でも）を立案していくことでしょう。カリキュラムの形式もそれぞれの園独自で工夫を凝らし，その園の子どもたちにとって必要なことが具体的に，効率よく記入できるようになっていると思います。

　立案したときは，個々の子どもの状態や興味や関心などきちんと考慮しているのですが，いざ実際の遊びに下ろすとなると，カリキュラムに縛られてしまうことがあります。子どもたちのためにと熱心に願う気持ちが強ければ強いほど，「……に興味を持ってほしい」から「……を経験させたい」へ，「……をみんなに経験させたい」から「……を経験することはきっと子どもにとって意義ある活動にちがいない」という確信へと変わっていく。当日の子どものコンディションや個々の気持ちはさておき，前日から用意したカリキュラムと教材をどんどん自分から子どもにおしつけてしまう。こんな保育を経験したことはありませんか？　正直言って私にはありました。

子どもの気持ちや状態をわかっているつもりになっていましたし，みんなでこの活動をすることは良いと私自身は思いこんでいたからです。

　当日，本当に子どもはその活動をやってみたいと思っていたのでしょうか。何人かは興味を持っていたかもしれません。その日はとにかく晴れた気持ちの良い日だったので，もしかしたらすぐにでも戸外に飛び出したいとうずうずしていた子どもも多かったかもしれません。でも，前日まで盛り上がっていた劇ごっこをもう少し広げたい，発展させたいという思いが先行して，子どものその日の気持ちを待たずに，自分からその活動を引っ張っていってしまったのです。その日と決めたのは，結局私つまり保育者なのです。

　やらせているつもりではないのに，やらせてしまっている，つまり自分では気づかない保育者主導型保育が現実の保育場面では多く見られるのではないでしょうか。

◆パターナリズムとその危険◆

　幼稚園や保育所での遊びは子どもの日常の生活を基盤として，その生活リズムに沿って展開されていきます。その1年間は，春が来て，夏が来て，秋が来て，冬になり，また春がめぐってくるという季節のくり返しのなかで積み重ねられていきます。当然，遊びも生活も季節の影響を受けます。春は進級，入園の時期で子どもどうしの関係も新しくなり，担任の保育者との関係も再構築され，じっくりと遊びを繰り広げるのが困難な場合も多い時期です。また，自然とのかかわりも，花が咲き乱れ，野原や園庭には緑がいっぱいになり，草つみをしたり，いろいろなお花を使ってケーキを作ったり，身につけたりなど，春ならではの遊びが展開されます。梅雨どきには，長靴や傘を持ってみずたまりを探検したり，カエルやおたまじ

ゃくしなどの小動物と戯れたり，夏は，水遊び，プール遊び，どろんこ遊び，秋は，虫取りや運動会，いもほり，秋の遠足，落ち葉拾い，冬は，焼き芋パーティー，クリスマス，お正月，雪遊びなど，子どもの楽しい活動や遊びと季節とは切り離せない関係にあります。当然カリキュラムにもこの季節感が盛り込まれ，予測する遊びに季節感を生かしたものが登場してきます。子どもの自然な生活から見ても，発達にとっても重要な経験で，幼稚園や保育所の遊びや活動の柱でもあるでしょう。

ところが，行事や季節を生かした遊びはともするとパターナリズムに陥る危険性も持っています。季節にちなんだ物をつくって遊ばせたいという願いから「昨年は何を作った？」と昨年立てたカリキュラムを参考に今年度の新しいカリキュラムを立案していくとします。「梅雨どきだからやっぱりカエルかな？」「かたつむりもおもしろそうね」など，どんな小動物を作って遊ぼうか，その遊びで何を育てようかなど，往々にして，昨年の遊びや活動を踏襲してしまう傾向があるように思います。そして，みんなに経験させたいという願いが前面に出て，結局，同じ大きさ，同じ形の紙を用意して，同じカエルをみんなで作る，そんな保育がいまだに行われているのを目にします。

小動物に興味を持ち，その特徴に気づいたり，いろいろな生き物に興味をもち生き物をかわいがる，育てる経験を通して，思いやりなどの心を育てる。これが，この活動の本来あるねらいだったはずなのですが，かたつむりやカエルを作ると決めてしまったばかりに，子どもの気持ちを見失ってしまったのだと思います。

例年にならって，カリキュラムを再編成するのは，当然どこの園でも行っているでしょう。大局的にみれば，ほとんどねらいや望ま

しい活動は大きく180度も変わってしまうことはないものです。しかし，そのねらいをどのような遊びや活動を通して育てたいかというところになると，保育者のそれまでの経験の蓄積が邪魔をし，今，目の前にいる子どもたちの姿は脇に置いて，カリキュラムがパターナリズムの中で立案されてしまう。常に，新鮮な目で子どもの遊びや活動をみつめ吟味し，展開しようとする保育者の態度が，何よりもカリキュラムの立案に際しては重要なことでなのではないでしょうか。

③ アフタースクールでのカリキュラムのパラダイム

アフタースクールでのカリキュラムは，預かり保育という限定された保育場面を取り扱っているという点で，一般のカリキュラムとは様相を異にしています。しかし，このアフタースクールでのカリキュラムのパラダイムは，これからの預かり保育にぜひ，生かしてほしいですし，一般の保育の中にも取り入れることができる可能性を十分にもっていると思います。

このカリキュラムの特徴は「発想の転換」です。

◆**時系列の転換（今その時がスタート地点）**◆

アフタースクールでは，この新しい試みに取り組む際，それまでのカリキュラムの自分たちの概念を一切捨てて，そこで生活する子どもにとって何が今必要なのか，そして今どんな育ちをしているのかを，一人ひとりの発達から検討することから始めました。「今日の子どもたちの明日はどんなだろう」という今この時をカリキュラムの始まりの原点に置き，これからの1週間は，これからの1か月は，これからの1年は，と時間枠を日→週→月→年と，一般のカリキュラムがとらえる年→月→週→日といったカリキュラムでとらえる時間的予測と逆行した形でとらえていきました。そうすることで，

子ども一人ひとりの今が、そして明日がはっきりと見えました。

　年間の大きなねらいから月のねらいへ、そして週のねらいへと大きなねらいから、小さな個人レベルまでのねらいを予測するのではなく、アフタースクールでは小さな個人レベルのねらいから、週のねらいとしだいに大きなねらいに移行する、そして1か月、半年、1年を通したその子どもの成長の姿を予測し、それに加えて、その年齢で経験させたい遊びや活動、ねらいを配置・再構成する方法をとったのです。アフタースクールは小さな子どもたちの異年齢集団です。一般的なカリキュラムの立案方法では、とても対応できなかったのも事実です。しかし、まったく逆行した方法をとったために、見落としがちな一人ひとりの今をカリキュラムに生かすことはできました。

> 　れいなちゃんは週5日の利用の子どもで、テーマ「地球」は少し飽き気味でした。そのためか、図鑑をみても、地球儀をみても、パズルをやっても、どれも興味が広がらず、すぐおままごとコーナーに行ってしまう日々が続きました。
> 　その後、みんなで世界の食べ物を実際に食べてから、れいなちゃんが変化していきました。世界の食べ物がのっている本や写真を見ては、大好きなままごと遊びでその料理を見立てて作っては友だちに食べさせてあげる姿がみられるようになりました。そして、ある日「アメリカ」という言葉が頻繁にでるようになったので、「れいなちゃんはアメリカが好き？」とたずねると「アメリカのハンバーガー食べてきたよ。中に目玉焼きが入っていた」とうれしそうに話し、それからのれいなちゃんは「アメリカのパンダ」「アメリカのケーキ」とすべてのものに「アメリカ」をつけて遊ぶようになったのです。
> 　年間、そして月、週といった見通しからはこのような活動は生まれ

> なかったでしょう。れいなちゃんの今日に寄り添い，明日のれいなちゃんを待ち，その連続のなかから，れいなちゃん自身の「地球」と出会えたのです。

◆個から集団へ◆

　時間軸を逆行するだけでなく，先に紹介したように個から集団へそして再び個にもどる視点でカリキュラムを立案してきました。個々の子どもの育ちがそれぞれあって，個々の子どものねらいがあって，その子どもを取り巻く数人の子どもとのかかわりがあって遊びがしだいに変化し，その遊びがいつしかみんなにも広まって，また，一人ひとりの子どもの新しい力への刺激となっていく。そんな遊びや活動の広がりや深まりを予測してカリキュラムを立案していきました。

　何歳の育ちといった年齢的なくくりをまず取り払い，さらちゃんの遊び，みわちゃんとめぐちゃんとの関係，かっちゃんの興味，りゅうちゃんの遊びといった個々のレベルでの友だちとの関係，そして，クラス全体としてのみんなの関係，そしてみんなの中のかずくんというように，それぞれの子どもの立場と関係を日々記録し，カリキュラムのねらいにそれを書き加えて個々の育ちを生かす配慮をしました。

　年齢のくくりから子どもの育ちを予測する方法を取らなかったことで，年齢にとらわれないで，子どもどうしの遊びを見ることができました。3歳児にはこんな活動はきっと無理と以前は決めつけていたのですが，子どもどうしのつながりからその遊びをとらえると，たとえ「地球」という大きなテーマでも，3歳でも4歳でも同じよ

うに楽しく遊びを発展させることができますし，達成されているねらいは3歳児なりのものですが，年齢で活動内容を規定してしまわない利点はあったと思います。その証拠にまったく「地球」に興味を示さなかった3歳のかっちゃんやたっくんもみんなのペースとはちがい，ややのんびりでしたが，しだいに遊びにひきこまれていきました。

自分たちの興味や関心に沿って自分たちの遊びの幅を広げ，いつしか他の友だちといっしょに同じテーマで遊ぶ楽しさを味わうことのほうが，かかった時間よりも彼らにとってたいせつだったのは，いうまでもないでしょう。

◆**子どもの姿からねらいへ**◆

アフタースクールのカリキュラムは日々書きかえられていきました。子どものその日の姿があり，明日があるという視点に立っていますから，週案といってもまったくちがう方向に行くこともしばしばでした。

> みんなで，世界のレストランごっこが盛り上がった次の日です。週案ではレストランごっこは1週間ぐらい続くと予測していたのですが，けんた君のその日のひとことでレストランごっこは一気に人気が下降してしまいました。けんた君は前日からハムスターを飼い始め，そのことで頭がいっぱいだったようで，登園してくるなり，ハムスターのお家を作ると言い出したのです。その遊びに1人加わり，2人加わり，ほとんどの男児はハムスターに変身していました。レストランは細々と女児が営業を続けていました。
>
> 何が起こるかわからないのが保育です。でもどんな素敵なことも起こりうるのです。この日のけんた君はみんなが自分の遊びに乗ってくれてとてもうれしそうでした。その後はハムスターの家族がレストラン

> に行ったり，時には役割が交代したりと，いつまでもその遊びがこのテーマ保育の中で生きていました。

　子どもが本当に興味を持った，そして子どもの日々に密着した保育だからこそ，楽しい活動としていつまでも遊びが継続されたのではないでしょうか。

　子どもの姿こそ，ねらいそのものだと私は思います。子どもの生の経験を生かしていくことがカリキュラムの使命であり，ねらいの基本でありたいと思います。

(2) 体験から得る真の喜びが子どもを変えた

　幼児の成長発達に，具体的な体験がとても重要な役割を果たすことは周知のことと思います。モンテッソーリの「自然からもらった宿題」や「子どもの生命につかえる」といった言葉や，倉橋の「幼児の生活を生活で生活させる」やフレーベルの理念にある世界観・宇宙観（球・正方形・長方形のシンボル）など，歴史的な幼児教育者たちが共通して，子どもの生まれながらにして持っている力，生命力，本能をたいせつにし，その力を十分に発揮しながら子ども自身の体験を積み重ねていくことが幼児の発達には欠かせないと唱えています。

　体験の重要性は理解できても，今の子どもたちはその生命力をフルに使って真の体験をしているでしょうか。そして，その体験から得る真の喜びを味わっているのでしょうか。ここでは，体験から得る真の喜びの重要性とは，そして現代社会で見落とされがちな本物の体験のとはどんな体験なのかなどの課題について考えてみたいと思います。「本物の体験こそ保育の命」という古くからありながら，今一番必要で新しい課題だと思うからです。

① 体験から学ぶ

◆体験が減った子どもの生活◆

体験とは「自分で実際に経験すること。その経験」のことですが、世の中がいろいろと便利になり、生活も豊かになったために、子どもの生活体験に偏りがみられるようになりました。どんな小さな町でも、住宅地化が進み、子どもの生活から自然がなくなりつつあります。私の住んでいる町でも、つい最近、広い竹林が伐採されマンションが何棟も立ち並んで、そこに残った唯一の自然は、美しく植えられたプランターと見栄えの良い小さな児童公園だけになってしまいました。2, 3年前までは、まだ田んぼがあちこちに残っていて、東京から30分圏内であるにもかかわらず、ホタルが見られ、その自然とともに生活できることを幸せに感じていたのですが。そのホタルもいつしか見られなくなりました。

十数年前からでしょうか、とにかく泥んこ遊びができない、砂が少しでも衣服につくと泣き出してしまう、虫(アリやダンゴ虫などの小さな虫)を見ただけでさわるどころか逃げ出してしまう、そんな子どもがめだつようになりました。子どもを取り巻く環境から自然がどんどん減っているのですから、しかたのないことなのかもしれませんが、子ども時代にぜひ体験しておきたいことが子どもから奪われてしまって、本当にこれでいいのだろうかと憂いさえ感じます。

◆非現実性の台頭◆

反面、コンピュータの発達とその普及には目を見張るものがあります。子どもの生活にも、ゲームとして、遊びとして、どんどんその世界が広がっています。さらに画面を通して、あたかも本物の動物や人間が動いているような感覚(バーチャルリアリティ)を手軽に得ることができるようにもなりました。映像文化の発展や可能性

として見れば，注目に値する進歩でしょうし，その進歩の中で今，子どもたちも生きていくわけですから，子どもの生活から無理に切り離すことはできないでしょう。

しかし，映像のような非現実を，非現実としておとなが受け止め，楽しめるのは，現実そのものを十分に知っているからです。幼い子どもたちは何が現実で何が非現実なのかまだ十分に判断できません。ゲームやビデオ，パソコンなどが子どもの遊びにどんどん入ってきて，子どもの遊びの中心を占めようとしています。現実の体験が減り，非現実的な遊びが子どもの遊びを占有し始めたら，何が現実で，何が非現実なのかを判断する感覚の育ちを阻害しかねません。もっと五感を十分に駆使できる本物の体験をたっぷりと子どもたちにさせたいと願うのは私だけでしょうか。

青少年の凶悪犯罪がふえています。罪を犯した青少年に共通して見られる傾向は，人間としての感覚の変質，非人間性です。「人を殺す経験をしてみたかった」というだけの理由で相手をメッタ刺しにする行為は，現実感覚が失われている，または育っていない現れではと思えてなりません。

◆体験から学ぶこと◆

おかあさん方からよく聞く話ですが，自分が虫をさわったりできないので，子どもがさわろうとしても「きたないからやめて！」と言ってしまったり，「殺したらかわいそうでしょ」と虫をさわらせないようにしてしまうというのです。アリやダンゴ虫にはかわいそうですが，遊び相手にしたり，時には殺してしまったり……そんな小さな現実とのかかわりのなかで，生きること，死ぬことを学んでいかないと，非現実的な殺人者になってしまうのでは……。もっと，自分の肌，目，耳，など五感を通していろいろなものとかかわるな

かで現実感覚を育てていかなければならないと思います。

現実感覚は体験からしか学べません。体験は子どもたちにとって生きる力の源なのです。

② 古くて，実は新しいパラダイム
◆歴史の中での体験教育◆

体験を通した学びの重要性は古今東西，言われつづけてきた周知の事実です。そこで，もう一度体験の重要性について，幼児教育の歴史的人物の保育観から探ってみたいと思います。

> ドイツの教育学者で世界で最初の幼稚園の創始者フレーベル（1782-1852）は真の人間教育の場は家庭であることを強調し，家庭の改善と有能な母親の教育の必要性を説いています。1839年に開設した「遊戯および作業教育所」が翌年1840年「一般ドイツ幼稚園」と改名され，これが幼稚園創立の年となりました。フレーベルは幼児の内に秘めた能力や素質を伸ばすためには，幼児の自発的な活動を保育者が援助することが重要と考え，その幼児の内的な力を発揮するための媒体として恩物という遊具を開発しました。恩物の根本は宇宙観で，球，長方形，正方形といったフォルムを基本としていました。
>
> また，オーエン（1771-1858）もフレーベル同様，幼児教育の重要性を説いた一人です。イギリスの社会思想家であるオーエンは幼児学校の創始者でもあります。オーエンは幼児期からあらゆる種類の良い習慣を習得することが重要であることや，善悪の多くは，極めて幼少のころに培われることを指摘しました。それは幼児を取り巻く環境全体が影響を与えるという観点に立つもので，すでに環境の重要性はこの時代においても問われていたのです。
>
> フレーベルやオーエンは幼児を悪い環境から守るといった消極的なものではなく，幼児のためにより良い環境を提供するといった積

極的なもので，それが幼稚園の創設（フレーベル），性格形成学院（オーエン）という結果生んだのです。哲学者でもあり教育者でもあったルソーも『エミール』という著書の中で，自然の重要性を説き，さらに教育と環境の重要性を説いています。コラム3-1，3-2で紹介したモンテッソーリや倉橋惣三も，子どもの自発的な活動とその環境の重要性を彼らの理念の中核としています。

◆本物の体験とは◆

本物の体験とはどのような体験のことをいうのでしょうか。倉橋惣三の『育ての心』（フレーベル新書）の一節を紹介しましょう。

汗

「子どもたちの可愛い額に汗が見える。拭いてやろうとしても駆けていってしまって，またひとしきり汗をかいている。砂場では砂の手で日灼の額がよごれたままになっている。大積み木を抱きかかえて汗を流しながら運んでいる。角力をとっている子の白地の上着が汗でぐっしょりになっている。

額に汗するという言葉は，おとなの実生活において，勤労を礼賛する言葉である。子どもの遊戯生活がおとなの実生活と同じ貴さをもつものとすれば，子どもの汗も同じ貴さをもつものである。

汗の出る程遊ばない子，遊べない子，汗のでないように静かにばかり座らせられている子，汗を出すと叱られる子，どれも礼賛に値する子どもの生活といえない。どの子どもにも，存分に汗するほどの生活をさせてやらなければならない。

それにしても，六月の日盛りを，汗する子ども等とともに遊んで下さる先生方の汗は貴い

子どもの額に汗して遊んでいるその行為，子どもの主体的な体験の貴さをこの一節は示唆していると思います。倉橋の書いた『育ての心』の中には，子どもが生き生きと体験を積み重ねることの厳粛な美しさ，貴さ，そしてその美しさや貴さを見つめなければならない教育者の使命が面々と綴られています。

倉橋は哲学的思想をベースにその理念を説いていますが，子ども自身の生活を重視し，その体験の重要性を具体的・理論的にまとめ，それを独自の教育方法に生かし，実践したのがモンテッソーリです。

モンテッソーリについてもさきに簡単に紹介しましたが，体験の重要性をどのように具体的な理論としてまとめ，その教育に生かしていったかを，彼女の理論の一部から探り，体験の重要性を考えていきたいと思います。

モンテッソーリは子どもが2本足で立って歩く，自分の足で思い通りに歩くことができるようになった段階を自立の一歩と考えています。そして，1歳半ごろから3歳までの期間の環境への活発な探索活動が次の自立には欠かせないと言っています。足の発達に加えて手の発達もこの時期は目ざましいものがあります。なんでもやりたい，さわりたいという衝動にかられ，自分の持てるだけの力を振り絞って熟達したいと考え，克服しようとする時期です。このくり返し行われる営み，つまり探索的な活動「にぎる」「つかむ」「落とす」「はがす」「入れる」「つまむ」「開け閉めする」「ひく」「運ぶ」「押す」「回す」「転がす」「移す」「並べる」が基本的な力となり，さらに自立をうながすと言っています。そして，この自立を妨げるのがおとなの手伝い過ぎであると指摘し，子どもの自分でやりたい，やってみたいという気持ち，主体性を重視しています。そして，その主体性に加えて，意識してすることの重要性も指摘しています。

集中して、真剣に取り組む、その動作を全身で意識しておこなうことの意義を強調しています。まさに、倉橋の言う「額の汗」と同じです。

モンテッソーリはこのように手の発達に伴った感覚器官の発達の重要性とともに、運動器官の発達と脳の発達の関連を生理学的見地からその理論に取り入れています。感覚器官と平行して運動器官の発達が子どもの脳（知能や認知）の発達をうながすと考えたのです。そして、幼児期の全身を動かして遊ぶ運動にも注目しています。「歩く」「走る」「跳ぶ」「登る」「ぶら下がる」「回る」「蹴る」「投げる」などの具体的な子どもの運動を提示し、手や足の発達を完成させるためには環境の中での経験で培わなければ、正常に発達しないと断言し、環境を、また子ども自身の体験を援助することが、教育的な援助であることを示唆しています。

③ アフタースクールでの体験のパラダイム

◆本物の素材◆

アフタースクールでは、この子どもたちの実体験をたいせつにしてきました。擬似的な遊具よりも本物とかかわる、その本物を自分たちの五感をフルに使い、全身の筋肉を使うことで体験することを保育者は援助してきました。

子どもが本物を実感できるように、保育環境の中に本物を積極的に取り入れました。野原に転がっている石、大豆やあずきなどの豆類、マカロニ、スパゲッティ、どんぐり、くるみなどの木の実、木の枝、木の皮、毛糸、色とりどりの岩石、貝殻、羽根など、例をあげればきりがないほど、いろいろな素材を環境の中に取り入れました。保育者が前もって用意したものもありますし、子どもが持ってきたり、おかあさんが持ってきてくださったものもあります。アフ

タースクールの子どもたちは，たっぷりの自然物とかかわり，本物でしか味わえない体験を積み重ねてきました。

ここで，みわ先生の記録の一部を紹介しましょう。

> その日は，子どもたちが自分で興味を持った国の絵本や写真集を使い，さらに遊びを深めようと考えていた日でした。登園してくるなり子どもたちは一生懸命に絵本や写真集に見入っていたのですが，何人かの子どもは飽きてちがう遊びを始めてしまいました。(このままじゃいけない) と私自身は思ったのですが，他に何をすれば子どもたちの関心が広がるかわからず，行き詰まってしまいました。
>
> (何かもっと子どもたちが楽しいと思えるものはないかな……) と思っていたときでした。「いろんな国の食べ物を食べてみようか！」と園長先生が一言投げかけてくれました。この一言で一気に子どもたちの心の中に新しい風が吹きました。
>
> 次の日「世界にはどんな食べ物があるか知ってる？」と問いかけるとかずくんは「ココナッツ，ナタデココ」と言いみんなはびっくり。だって「おやつ」として知ってはいたものの，世界の食べ物という見方で考えたことがなかったのですから。「じゃーこれ知ってる？」とインドカレーとナンを差し出すと，かずくんは真っ先に「うわぁーなにこれ？？」まさえちゃんは「手で食べるの？」と大はしゃぎ。私はそれを見たときの子どもたちの瞳の輝きを見て (やったぁー！) と心のなかで喜び，さらに子どもたちに「みんなでインド人みたいに食べてみようか」と声をかけました。「やったぁー！」「ホントにいいの？」といいながらもみんな大喜びでした。
>
> ところが，そのなかでけんたくんとたかくんだけが「絶対いや！食べない！」と言い出し，私のなかで (大成功) がもろくもくずれてしまいました。(なんで？ ナンを見たときにはすごく驚いてうれしそうだったのに……) しばらくようすを見ていると「おいしいねー」

> 「もっと食べていい?」とおいしそうに食べる友だちを見て「おれも食べようかなぁ……」とたかくん。それを見ていたけんたくんも「ぼくも食べてみようかなぁ」。おそるおそる2人はナンとカレーを口に入れ,「おいしい!!」。このひとことでほっとできた1日でした。

その後,この経験は子どもたちのいろいろな遊びに生かされました。そして,インドにまつわるものがいろいろ登場しました。

◆**本物の体験**◆

また,アフタースクールでは素材という概念の幅をもっと広げ,地域にあるあらゆる施設をも素材として考えるようにしました。遠足という行事としての取り組みではなく,テーマと関連のある施設に園外保育を実施し,それをひとつの素材と考えました。主に利用した施設は近所のいろいろなお店,郵便局,飛行場,図書館,水族館など。近隣で利用可能な施設はその子どもの実態に合わせ保育者が準備をして,実施していきました。

> テーマ「トラベル」のときです。それまでのテーマ「地球」では導入段階で地球儀や図鑑,ビデオテープなどを,テーマ「人間」では,人体の絵本(等身大の人体が飛び出す絵本),図鑑,人体の模型,体重計,身長計などを,いずれのテーマも園内の物的な環境を構成したり,整備するという方法でした。保育者の心のなかに「また,自分たちのパターンを作ろうとしているのでは?」「本当にこんなやり方で子どもたちの興味や関心に沿っていけるのか?」などまた悩みが生まれました。
> 「Inというステップはたくさんの物にふれ,感じる時期です。どんな物でもいいのです」と,私が保育者に伝えたところ,「トラベル

第3章　子どものパワーが引き出された　　105

> （旅行）するなら福岡から飛行機でいきたい！」「ドイツには飛行機飛んでると？」「飛行機に乗ったらアメリカにも行けると？」「世界の人と友だちになりたいよね」などの子どもたちのつぶやきを思い出しました。
>
> 　そこで，テーマ「トラベル」の始まりは福岡空港の見学でした。家族で来たことのある子どももいましたが，アフタースクールの友だちや先生と来る空港はまた別の意味があったのでしょう。出かけるバスの中で「どこまでいくの？」とやや不安そうなけんたくん。今度は地下鉄にのると「うわートンネルだ！」と，まさえちゃん。飛行場に着くなり，みんなの興奮は頂点に達し，「飛行機のタイヤって大きいね。だからたくさん乗れるんだね」「あっ，飛行機が飛んできた。どこから来たのかな？　アフリカ？　アメリカ？　ハワイ？」と，子どもたち。そこでかおり先生が「どこの国にいきたい？」とたずねると，またしても自分たちがテーマ「地球」で覚えた国の名前を言い合い，飛行場は大騒ぎ。アフタースクールにもどって来てからもその話題でもちきりの1日でした。

　しかし，このような試みはさして目新しいものではありません。幼稚園教育要領でも，保育所保育指針でも，環境を通して行う教育を教育の基本にすえ，子どもの主体的な遊び，実体験を重視することが保育の優先事項として取り扱われているからです。

　でも，子どもの主体的な実体験がどれだけ実現されているでしょうか。自然物で遊ぼうとあらかじめ保育者が葉っぱを用意したり，木の実を並べて何かを作らせたり……。自分たちの目に感じたものを，自分たちの意思で遊びに活用し，自分たちの力でその遊びが発展していく，そんな体験でなければ，真の喜びは得られないと思い

ます。

　体験から得る真の喜びは長い歴史の中でうたわれ続けた理想であり理念で，少しも新しくないのに，今現在の保育の中で相変わらず，その理想が実現できない。その理想の実現には，子どもにとっての真の体験とは何かというパラダイムを，おとな側から見るのではなく，子ども側からみる視点に立たないといつまでたっても，何も見えてこないかもしれません。

◆自分で発見する，考える，自分で決めることの価値の検討◆

　幼児期の発達にとって，主体的な環境とのかかわり，つまり体験が重要であり，その体験が自立の基礎を培うことは改めて言うまでもありません。しかし，主体的なかかわりとは，具体的にはどのような行動であり，どのようにその行動を保育者は支援していったらよいのでしょうか。

　主体的なかかわりを噛み砕いて言えば，自分で感じて，自分で発見し，自分で考え，自分で行動し，自分で決めるということになります。最近，自己教育力とか，自己決定，自己責任などという言葉が教育現場や研究会で検討されることが多くなりました。そこで，「子どもの自己決定に関する発達的研究」という論文から，自己決定が発達にどのように影響を及ぼしているか検討された結果を少し紹介して，自己決定の意味や意義を見ていきましょう（コラム3-3）。この論文は平成7年度～9年度に新井邦次郎教授（筑波大学）の研究チームが文部省の科学研究費補助金でまとめたもので平成10年に発表されています。この研究は小学生から高校生までが対象で幼児については検討されていませんが，幼児期の発達的視点を探り，自分で決めることがどのように発達に影響を及ぼすかを知ることは，その発達支援を模索する手がかりになるでしょう。

この研究によると、自己決定の実態では小学生においても、中学生、高校生においても自己決定の経験が少ないことが示唆されています。また、自己決定と道徳判断との関係については、自己決定を多くしている意識の高い子どもは場面に応じて自己決定をすると考えていて、けっしてすべて自己中心的に決定しないことも明らかにされています。そして、この自己決定意識は自律性の高い子どもにみられることから、自律性の発達とも関与しているとのことです。自己決定の発達と学習意欲の発達との関連では、賞罰的な学習意欲は自己決定の発達を抑制する働きがあることを明らかにしています。つまり、単純な賞罰、平たく言えばあめとムチだけの働きかけは自分で決める力を発達させないということになるでしょう。

　以上のように、自己決定の発達に関する研究結果を紹介しましたが、急に「自分で決めて！」と自己決定をうながしても、簡単にできるものではありません。自分で決める力にも、そして自分で責任をとる力にも、発達の段階があり、幼児期から幼児のできる範囲で、自己決定の発達をうながす必要があると思います。

コラム3-3　「子どもの自己決定に関する発達的研究」(新井ら、1998の研究から)

◆子どもの自己決定とその意味◆

　新井ら（1998）は子どもは本来、一人の人間として自由と独立を求める欲求を持っており、その自由と独立を得るために自己決定意欲を持っているものと考えています。3歳ごろを中心として現れてくる第一次反抗期は自己決定意欲の顕在化した形ととらえることもでき、子どもの体や心は、おとなと同様に、自分がその主人公であると感じることができるとき、最も効果的にはたらくようにできているのかもしれないと述べています。

◆自己決定から予想される効果と発達的意義◆

・自己決定は活動の意欲（やる気）を高めるが、他者決定は活動の意欲（やる気）を低める。

- 自己決定は活動の感動（感情）を高めるが，他者決定は活動の感動（感情）を低める。
- 自己決定は効力感（自分はこの行動を遂行することができたという正の情動）を生じさせ，子どもの有能感（コンピテンス）の成長をうながすが，他者決定は効力感を生じさせにくく，有能感の成長を阻害する。
- 自己決定は自律感（自分を律しているのは自分であるという感覚と認知）を高め，子どもの自主性や主体性をうながすが，他者決定は自律感を低め，自主性や主体性の成長を阻害する。
- 自己決定は活動の責任感を高めるが，他者決定は活動の責任感を低める。
- 自己決定は自己存在感（自分の存在に意味があるという感情と認知）を高め，子どもの自尊感情（セルフ・エスティーム）の成長をうながすが，他者決定は自己存在感を低め，自尊感情の成長を阻害する。

◆子どもの自己決定の実態◆

家庭の中での自己決定の実態を調べたところ，予想通り少ないことが明らかにされています。小学生においては1年〜6年を通じて，「朝の起床」「服や靴下の購入」「家での学習の開始」「習い事」などで自己決定経験が20〜30%と少ないことが示されていました。また，中学1年〜3年と高校1年〜3年でも，「朝の起床」「家での学習の開始」で自己決定経験が少ないことが示されています。また，小学校，中学校，高校のいずれにおいても男子の自己決定経験が女子よりも少ないことも明らかにされ，この結果は，家庭の子育ての過程で，男子の自由と独立がより拘束されていることも一因と推察しています。

◆子どもの自己決定と道徳判断との関係◆

子どもの社会的な知識を「道徳領域」「習慣領域」「個人領域（家庭生活・学校生活）」と仮定し，どの領域に対して，「自分で判断して好きに行動してよいと認識しているか」との関係について調査しています。それによると，一般的な自己決定行動（自分で決める行動）と自己決定意識（自分できめるという意識）が高い子どもたちはどの領域においても自分で好きに判断して良いと思ってはおらず，とくに道徳領域ではそのような子どもたちの方が，自分での判断は許されないと認識している傾向が見られました。つまり，自己決定を発達させることで，自分勝手で社会適応できない子どもを育てる危険性は少ないというというとても興味深い結果が出て

います。

また、自己決定意識と道徳判断の基準との関係は自律性の程度と強くかかわっているという結果も出ています。

◆**子どもの自己決定の発達と学習意欲の発達との関係**◆

子どもの自己決定の発達が、学習意欲の発達にも関係をもつことが明らかにされています。学習意欲には、親や教師からの期待に応えたり、人から非難されたりすることを避けるために勉強しようとする賞罰的学習意欲、人から高い評価を得て自尊心を維持したり高めたりするために勉強しようとする自尊的学習意欲、自分を成長させ将来の目標や計画を実現しようとして勉強する自己目標実現的学習意欲の3つがあるとして、その発達と自己決定の発達との関係を調査しました。それによると、自己決定の発達が賞罰的学習意欲や自尊的学習意欲に対して抑制的に働き、自己目標実現学習意欲を促進するという結果が出ています。つまり、小学生などのまだ幼いうちは親の期待や指図どおりに勉強することは、自己決定の発達もまだ幼いため問題にはなりませんが、そのような学習意欲だけを教師や親が強要しつづけたりすると、自己決定も発達を阻害され、大学受験などでも相変わらず賞罰的学習意欲のままだったりする危険性もあり得ることになります。おとなとして、自分の目標を持つべき年齢になっても稚拙な学習意欲のままで、結局人生の選択も他人任せになりかねないということです。

健全な学習意欲を発達させるためには、自己決定の発達が不可欠であることが、この研究結果から示唆されました。

(3) 子どもからの学びが保育者を変えた

教育とは子どもとともに生きることであると思います。教える人、教えられる人といった上下関係はいっしょに生きていくうえでは必要ありません。保育者は確かにおとなで、子どもたちよりは経験も豊富で体も大きく、失敗は少ないでしょう。しかし、おとなになったことで失ってしまったものも多いのではないでしょうか。

このアフタースクールの試みでは、子どもたちの無限大の力に改めて感動しました。子どもの力を信じるということは、本当にたい

へんなことです。今までのかかわりや、今までの子どもの姿からしか、その子どもに潜む力は予測できません。自分の尺度を使って、予測することの方がずっと楽です。でも、思いきって本気で子どもたちに任せてみたのです。「この子はきっとこんな取り組みをするね」と予測するたびに、その予測は裏切られました。

でも、その子どもたちの姿は、それまで見たことのない活気にあふれていました。遊び込んでいる子どもたちの姿には、人間の持つ美しさや可能性があふれていて、その子どもたちと今ここにいること、この瞬間に居合わせることができる喜びや楽しさ、そして自分自身も心から楽しんでいることに気づくことができました。子どもたちの遊びの世界に保育者が巻き込まれたのです。保育の主役は子どもたちであることを、子どももおとなも同じ人間としてその瞬間を生き生きと心豊かに生きることのすばらしさを、この新しい試みの中で知ることができたのです。

子どもから学んだ保育者の姿をここでは検証しようと思います。

① 従来の保育者像

◆ステレオタイプの保育者像◆

よく、幼稚園の保育を知らない知人たちが私に幼稚園の保育内容などについて質問してくるのですが、決まって聞くことは、「幼稚園ではどんなこと教えてるの？」「幼稚園の先生はいいよね。お遊戯とか歌とか子どもに教えて1日が過ぎるんでしょう？」などです。この言葉の裏には必ず「教師は人を教える人」という固定観念が見え隠れします。確かに、小学校や中学、高校などの教育現場では、教科指導があり、教師がリーダーシップを取り、必要な知識を教えなくてはならない現実があります。幼児教育においては教えるというスタンスよりもいっしょに生活するなかで、よい見本を示したり、

手助けをしながら子どもの発達をうながすことが主たる役割なのですが、どうも「教える人」というイメージがどこかに残っています。保育者の側にも、何か教えなくてはという呪縛があります。このような保育者像の中で、子どもの立場に立った保育の実現は非常にむずかしい社会風潮がまだ残っているように思えます。

　幼児の心身の発達をうながすため、保育にたずさわる者には、専門性が問われます。幼児に関する知識や保育の理念などを専門に学び幼稚園教諭や保育士としての資格を有する者が保育にあたるのが、原則になっています。幼児の健康な成長には専門性は欠かせないものですが、専門的な知識だけで保育ができるわけではありません。幼児に対する思い、愛情そして保育者としての哲学があって初めてその専門性が生かされるのです。

　資格を有することは、とてもたいせつなことですが、資格をもっているだけで、何か特別なことを幼児にしなくてはならないといった保育者の優越性を助長する可能性もあります。資格はあくまでもベースラインで、資格を持った保育者が幼児よりも優れているといった立場には立たないという心がけが、保育には必要だと思います。

◆見えにくい保育の価値◆

　アフタースクールの保育者は、自分たちの優先性や主導性に悩んでいました。幼児の気持ちを少しでも汲みたいと思っていても、自分たちのリーダーシップの方が先に動き出してしまい、保育者から教えてしまうといった現状がありました。結果を求めていないつもりでありながら、結局目に見える結果に心を奪われてしまう。専門家として、価値あることをしたいという欲求はだれにでもあるでしょう。そして、何かよい結果を出したいと思う。それも子どものためにという正義感で。そんな悪循環をアフタースクールの保育者だ

けでなく，多くの保育者が抱えているのが今の保育現場ではないでしょうか。幼児教育の価値はおとなの私たちが思うような結果として現れてこないところにあるように思います。

② アフタースクールでの保育者のパラダイム

アフタースクールでの保育者のパラダイムは「主役は子ども」というものです。しかし，ここでひとことつけ加えておきたいことがあります。それは，なんでも「あり」といっても，けっしてすべてが子どもの自由気ままという考え方ではないということです。保育者は子どもの成長発達を側面的に助ける重要な役割を担っています。そのなかでもとくに幼児期に育てなければならない力，人と共に生きる力を育てることがたいせつであると考えています。ルールを守ったり，時にはがまんする，ゆずるといった，人として生きていくための知恵や人とのかかわり方を，遊びや生活を通して自然に身につけることができるように保育者は援助しています。このパラダイムでは保育者主導といった無意識に保育者が陥りやすい思いを転換するためにあえて「子どもが主役」というテーゼを示したのです。

◆子どもは自分で育つ◆

幼児のみずから発達しようとする力をたいせつにすることが幼児教育にとって最も重要なことであることは，だれでも承知のことです。しかし，どうも私たちおとなは，幼児をひ弱で未熟な，無知な存在として扱いがちです。基本的な生活習慣ひとつとってみても時間を要する技能・技術ばかりです。くつを履くにも，10分以上かかったり，スプーンや箸を巧みにつかって食事ができるようになるには何年もかかります。排せつにしても自立（自分でトイレにいけるようになる）には何年もかかるのです。おとなの都合からすれば，

子どもは何をやってもとにかく時間はかかるし，技術的にもおとなよりは劣ります。だからといって子どもに能力がないわけではありません。できなくて当たり前です。生まれて数年しか生きていないのに，そんなに速く技能・技術が習得できるはずがありません。

　幼児期は何でも自分でやりたがる時期です。自分のできないことに全身で取り組んでいる子どもはおとなが努力したりがんばるときに発揮する何倍ものエネルギーを使っているのです。そして，何倍もの価値ある挑戦をしているのです。自分で育とうとしているのです。見かけは小さくてひ弱ですが，目に見えない本当の力の価値に気づいてほしいと思います。おとなの生活の都合で，子どもの自分で育つ力を取り上げてはいませんか。急ぐからといって，じっくり取り組みたい子どもの気持ちを汲まずに，おとながくつを履かせてしまったり，衣服を着せてしまったりしていませんか。

　自分で育ちたい，いろいろな技術や技能を獲得したいという強い思いを，アフタースクールでは摘み取らないように，そしてそれを獲得していく力を子どもは本来持っていると信じて保育に取り組みました。

◆**子どもが教えてくれた**◆

　おとながいつもリーダーシップを取っていると，結局子どもは自分の育とうする力を発揮できずにいます。そして，おとなの方も，子どもがその力を発揮できずにいることに気づかないのです。アフタースクールの保育者は，子どもの育とうとする力に驚きました。子どもの，実は内に秘めた力のすごさ，偉大さに気づいた日から，保育者は変わりました。保育者の心の中にパラダイムの変革が起きたのです。子どもの遊びや子どもの育ちを，じっくり見つめる，見守る，待つ中で，パラダイムの変革が起きたのです。

> テーマ「地球」で，実際みんなでカレーやナンを食べたことがきっかけとなって，世界のレストランごっこに発展したのですが，テーマ保育をはじめたころは想像もできなかったことです。保育者の予測は探検ごっこだったからです。でもこのテーマ「地球」ではとうとう探検ごっこは登場しませんでした。そして，次のテーマ「人間」も子どもたちのつぶやきや日々の活動から生まれました。大きなバルーンに大好きな自分たちの国を貼りました。すると「世界にはどんな人が住んでいるのだろう？」という疑問を子どもたちはもったのです。そしてテーマ「人間」ではいろいろな国の人をみんなで見たり表現したり家族ごっこがはじまったり，その遊びが深まったとき，「いろんな国にいきたいね」と子どもたちが言い出しました。そして次に取り上げたテーマが「トラベル」というわけです。

このように子どもたちの遊びは子どもたちが作るというスタンスがいつしかできあがり，カリキュラムの立案も子どもたちの観察から，そのヒントをもらいました。保育者たちが子どもたちに与えるのではなく，子どもたちがカリキュラムを創っていったのです。保育者は，それを紙面に落としただけです。もちろん，子どもたちだけではできないこともあり，保育者の手助けが必要なときもありました。しかし，子どもたちからSOSのサインがでるまで待ちました。SOSのサインがでたとき，初めて手伝いました。そして，子どもたちが進めている活動をいっしょになって，童心にかえって楽しみました。すると，今まで見えなかった子どもたちの力も見えてきました。遊ぶ楽しさは子どもから学んだのです。

アフタースクールの保育者は子ども一人ひとりの力を信じようとしました。そして，子どもたちのたくましく遊び，自分で育とうと

している姿を知るなかで，本当に子どもの力を信じることができるようになったのです。子どもから学ぶというパラダイムの変革は，保育者の努力なしには始まらなかったし，成し得なかったことでしょう。しかし，保育者として貴重な体験を子どもから得ることができたのも確かです。

　いつも同じ所に立って物を見るのではなく，まったく逆の立場に立って，初めて見えてくるものもあると思います。ちがう場所に立つには少しの勇気と子どもへの愛情があれば大丈夫です。

◆人として，女性・男性として，援助者として◆

　保育者としてその役割を考えると，その役割に縛られ，本来自分が何のために生きているのかといった視点から自分を見ることがむずかしくなってしまうことがあります。保育者というのは，その人が担っている役割のひとつです。人として担っている役割は人それぞれちがいますが，いくつもの役割をみんな担っています。私の場合，保育者であり，教師であり，母であり，妻であり，嫁であり，ときには学生であったりもします。いろいろな役割の中で自分らしさを出しながら，大きな目標に向かって人はみな生きているのです。どの役割にあろうともその人でなければできないことがあるでしょう。それが持ち味だったり，個性だったり……。また，男性と女性では保育場面でも，保育者という同じ役割を担っていたとしても，子どもたちとのかかわりで発揮される持ち味はちがってくるでしょう。保育者という一面的な役割を遂行するだけでは，その人らしさは生かされません。

　子どもと保育者のかかわりも同じです。A君，B君，C君と保育者Aとのかかわりからかもし出される雰囲気や遊びは，ちがうメンバーでは絶対に出せないし，あり得ないからです。その人，個人が，

どう自分らしさを生かしながら、子どもとそして同僚の保育者と、保護者とかかわりながら生きていくか。それが保育なのではないでしょうか。子どもを教えるときもあるでしょう。子どもから学ぶときもあるでしょう。しかし、子どもとともに生きることそのものが「保育」なのです。保育者は一人の人権をもった人間としての自覚をもって、子ども一人ひとりの人権を尊重しながら、子どもたちの生命の尊厳を守る人間として、女性・男性、援助者として生き生きと保育の営みの中で生きていくことでしょう。アフタースクールの子どもたちが、その意味を教えてくれました。

(4) パラダイムの変革とその意義

これまでみてきたパラダイムの変革は、預かり保育（アフタースクール）だからこそできたものだと思います。預かり保育という新しい保育形態だっただけに、その保育内容も、保育方法もゼロからの出発点でした。そのゼロベースの地点だったからこそ、すべて始めから創りなおすことが可能だったし、それまでのパターン化し硬直化した保育から解放される結果となったのです。このパラダイムの変革はよくよく考えてみれば、新しい特別な保育理念でもなく、長い歴史の中で受け継がれてきた保育の真髄であり、保育に携わる人々がずっと模索してきた保育の本質そのものの一片にすぎません。

このパラダイムの変革には、保育者の保育に対するジレンマや悩みが、大きな力として作用しました。マンネリやパターン化に甘んじないで、常によりよい保育をしたいという保育に対する情熱があったからできたことなのです。その情熱を支えたのが本来持っている子どもの可能性や潜在的な力だったのでしょう。カリキュラムを工夫したり、子どもの体験のすばらしさに気づいたり、子どもから

学ぶことは，だれにでもできそうに思うかもしれません。だれにでも，思うことは可能でしょう。しかし，自分の保育についてどれだけ真剣に取り組んでいるかといった，保育者の心とそれを実行に移す力がなければ，絶対にまねはできません。そして，子どもへの限りない愛情がその心を支えました。

　みなさんの心のなかにあるパラダイムはどんなパラダイムでしょうか。これからの子どもたちの将来のために，みなさんのパラダイムを一度ゼロにもどしてみませんか。豊かな保育，教育を発見する手がかりがきっと見えると思います。

　子どもたちの生き生きした活動のようすと，そのもとになったアフタースクールプランを3例紹介しておきます。

事例1　アフタースクールプラン　テーマ「人間」から

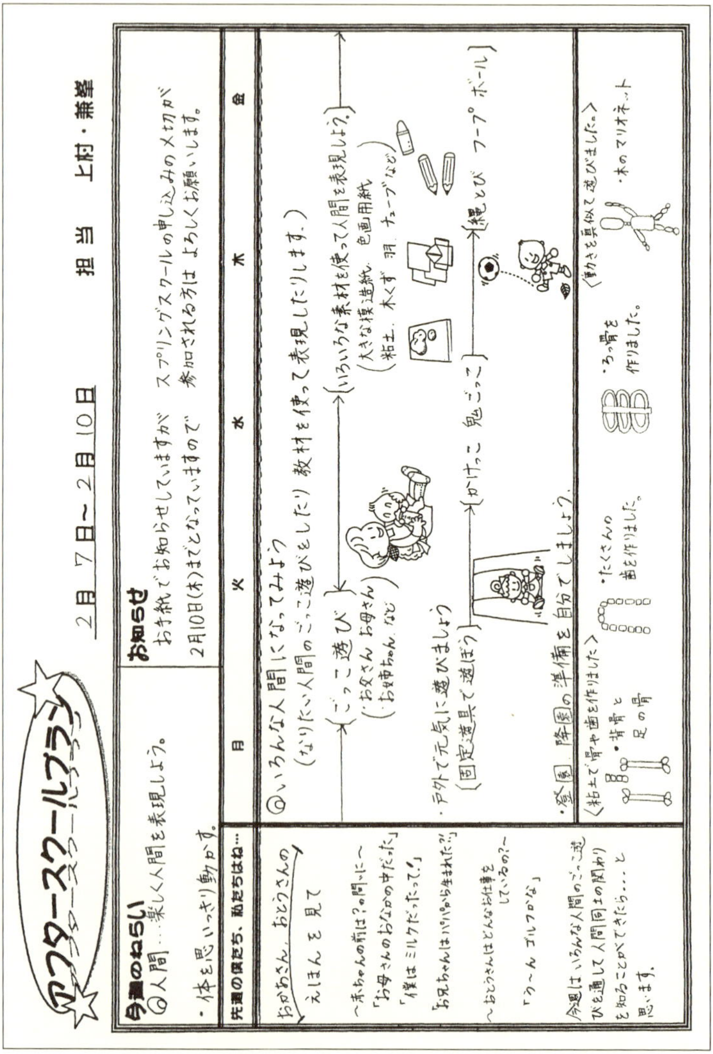
アフタースクールプラン

2月 7日～2月10日　　担当　上村・兼峯

今週のねらい
◎人間…楽しく人間を表現しよう。
・体を思いっきり動かす。

お知らせ
お手紙でお知らせしていますが　スプリングスクールの申し込みの〆切が
2月10日(木)までとなっていますので　参加される方は よろしくお願いします。

先週の僕たち、私たちはね…
おかあさん、おとうさんの
えほん を 見て
～赤ちゃんの前は？の問いに～
「お母さんのおなかの中だった」
「僕は ミルクだったって！」
「お兄ちゃんはパパから生まれた？」
～おとうさんはどんなお仕事をしているの？～
「う～ん ゴルフかな」
今週は いろんな人間のごっこ遊びを通して 人間同士の関わりを知ることができたら…と思います。

月	火	水	木	金

◎いろんな人間になってみよう
（なりたい人間のごっこ遊びをしたり 教材を使って表現したりします。）
→〔ごっこ遊び〕←→〔いろいろな素材を使って人間を表現しよう。〕→
（・お父さん お母さん ・お姉ちゃん など）
（大きな模造紙、色画用紙 粘土、木くず 羽、チューブ など）

・戸外で元気に遊びましょう
〔固定遊具で遊ぼう〕→〔かけっこ 鬼ごっこ〕→〔縄とび フープ ボール〕

・登園、降園の準備を自分でしましょう。

〈粘土で骨や歯を作りました〉
・背骨と足の骨
・たくさんの歯を作りました。
・ろっ骨を作りました。
〈動きを真似て遊びました。〉
・木のマリオネット

■展開された子どもたちの活動

◎いろいろな人間になってみよう
いろいろな素材を使って人間を表現していく（コーナー別活動）
- 人体図のコーナーでは…
  「このボタンを押すと先生よりも背がぐ〜んとのびると」

「このおへそをひねると折り紙を上手に折れると」
「たっくんを描いたよ。ほら髪の毛なんかそっくりだよ」
　自分で想像したロボット人間を作る子や，友だちや家族を作る子どもが見られた。

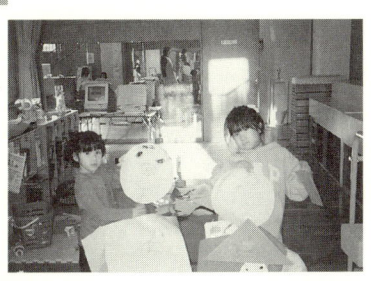

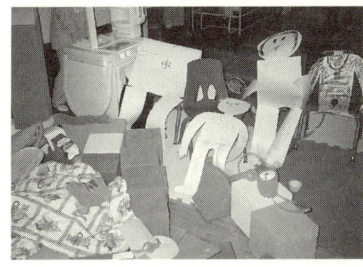

- 型紙コーナーでは
　○や□，△の型紙を合わせて人間を作っていく。
　それを使っての家族ごっこ遊びが展開された。
「この子の名前は，さる子よ」
「お父さんは黒いかばんを持っているよ」

　かつら，ひげの変身セットをつけていろいろな人間に変身していく。
　男の子はあまり興味を示さず女の子が集中して鏡の前で遊ぶ。

事例 ②　アフタースクールプラン　テーマ「Travel」から

☆アフタースクールプラン☆

4月24日～4月28日　　担当　上村・兼峯

今週のねらい
○様々な乗り物に興味を持とう
・こどもの日について知りましょう

先週の保育、忘れたかな…

飛行機見てきたよ!!

先週、19日(水)に福岡空港に本物の飛行機を見に行きました。道中も地下鉄やバスに乗って、たくさんの交通機関に乗って子ども達は大興奮。空港に到着すると間近で見られる飛行機に大興奮、次から次へと来る飛行機を手に汗にぎりながら観察していました。

お知らせ

先週同У"ハ"で空港での子ども達の様子をビデオ上映します。(10分程度)
日時は26日(水)28日(金)の 5:00 以降です。ぜひ御覧下さい。

月	火	水	木	金
	②こんな乗り物に乗ってみたいな♡ （興味を持ち、乗り物を自由に表現しよう） →[図鑑や絵本でくわしく見てみよう] 子ども達に見せた後、次は何やろう？と言うと『何か創ろう』たくさん出てきます。『どうやって創ろう』みんなで協力し合って素材や表現を楽しんでいます。 ・こどもの日について話してみよう [こいのぼりって？] →歌も歌おう♪ （こいのぼり） (ハワイ)　(アメリカ)		→様々な素材で表現しよう （ダンボール・色画用紙・木材 　ブロック　など） (5/5はこどもの日)こどもの日にちなんで、こいのぼりを作ります。 →[みんなでこいのぼりを作ろう] ジャンボこいのぼりができるのお楽しみに♪ (韓国)	いろいろなお友達とじゃんけんとって、みよう！という意見もありました。
福岡空港で聞きました！ 飛行機に乗って行ってみたい所は…！			(ディズニーランド)	

■展開された子どもたちの活動

◎こんな乗り物に乗ってみたいな。
　ブロックの乗り物、つみ木を組み合わせて遊ぶ。
　飛行場見学に行った影響もあり、飛行場を作ったりトンネルを作ったりして遊ぶ姿が見られた。

◎乗り物を作って遊ぼう。
　「乗り物が作りたい！」と子どもたちからの声。
　いろんな教材、素材を用いて乗り物作りが始まった。
電車・船・車・自転車・飛行機など
「これは海の上も走る自転車にしよう」
「その自転車に乗ってどこへ行くの？」
「ハワイの国に行くんだよ！」

◎ハート電車
　ダンボールにコンタクトペーパーを貼ってつなげ、ハートのマークをたくさん貼って作る。
　最初はスタッフと一緒でないとできなかったがしだいに自分からハート電車の製作に取り組んでいた。

◎乗り物に必要なものを作ろう。
線路作り
　すずらんテープにセロハンテープで紙を貼り線路を作っていく。
　女の子が積極的に線路作りに取り組み、チューリップや人形などの絵を描きかわいく仕上げていた。

◎駅作り
　それぞれに好きな駅を作っていく。
「ドーム駅」「ポケモン駅」などが出来あがった。

事例3 アフタースクールプラン テーマ「Travel」から

アフタースクールプラン

6月12日 ～ 6月16日 担当 上村・兼峯

今週のねらい
◎世界の国に関心を持とう
○父の日について知ろう

お知らせ くサマースクール 受けつけのお知らせ〉
先日アンケート通信にもお知らせしましたが、サマースクールの日程が決まりました。今回は、サマースクールのお休みの機会を受けつけております。締切日は毎月27日までとなっており、お早めに受付をお願い致します。お受付は毎月12日から28日迄、担当者・受付迄お願い致します。

日程
コース1 7/24(月) ～ 7/28(金)
コース2 7/31(月) ～ 8/4(金)
コース3 8/7(月) ～ 8/11(金)
コース4 8/14(月) ～ 8/18(金)

先週の保育、私たちはね…

グリーンランド完成‼
約10日間かけてできたグリーンランドがついに出来上がりました。先生も要をぬらすのか「キャーちゃんに負けないグリーンランドを作ろう！」とすっかり夢中になりました。お友達はさっそく次に行く「その場所」を見つけ調べ始めました。

月	火	水	木	金
◎いろんな国に出発 (NO.3) [出発上がり、そのグリーンランドで遊びます。今日クラスはどんな国ができるかな？] →【ハワイ・イタリア】→【ハワイ・イタリアのどんな所？】（図鑑や絵本で調べて）○父の日ってどんな日？（父の日について知り、お父さんに感謝の気持ちを持とう）【お父さんについて話し合う】→仕事・お父さんの好きな事…コレ、キリン水や地、観察				→【ハワイ・イタリアに行ってみよう】（自分で想像し、国をハワイにしてみる）アリアを表現します→【感謝の気持ちを込めてプレゼントを作ろう】言葉やプレゼントに込めてお父さんにありがとうの気持ちを伝えましょう！！☆子どもたちのつぶやき（グリーンランドも楽しいけど、またちがうのつくろー→できる場所にしよ）

(えーちゃん達がみんなどこかに行っちゃう)
(何か事、重い、なってるでしょ？)
(お休みは遠い所に旅行に出かけるよ)
(先生がお父さんになるのかな)

第3章　子どものパワーが引き出された　123

■展開された子どもたちの活動

◎いろいろな国にさぁ出発だ！
乗り物を作り上げ遊んだあとに…
「どこの国に行きたい？」
「グリーンランド！！」
「グリーンランド，ハワイ」
「ドナルドに会いたい」
「嵐のジャングル」
「アメリカ，地球」
子どもたちの意見を取り入れグリーンランド作りがまずスタートした。

◎グリーンランド作り
　グリーンランドの図鑑を見ながら，クジラ，ペンギンなどの動物を作る子ども。
　自分の経験したことをもとに厚紙，モールを利用して「小川温泉」を作ったりと，いろいろな素材を使い思い思いに表現していた。

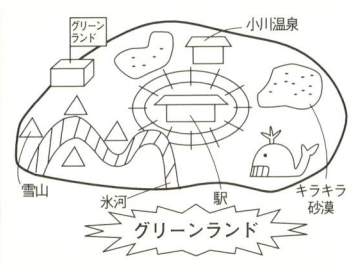

◎アメリカ，ハワイってどんなとこ？
　図鑑やガイド本を見ながら，ハワイやアメリカの国を調べ「外国の人になってみよう！」ということでごっこ遊びが展開された。女の子は，ハワイのフラダンスの衣装を着て楽しそうに踊ったり，男の子はGジャン，帽子，スカーフをつけ，アメリカのカウボーイに変身したりごっこ遊びの中から少しずつアメリカ，ハワイの国へと興味を持っていった。

第4章

新しい預かり保育への提言

　アフタースクールでの試みの原点は「預かり保育だからできる新しいこと！」でした。

　学校や幼稚園から帰ると，男の子も女の子も，大きな子も幼い子もいっしょになって，ガキ大将を中心に日が暮れるまで泥んこになり，遊んだものです。そこから多くのことを学んだ時代がかつてありました。しかし，家庭環境や社会環境が大きく変わり，そんな子どもの遊びが姿を消していきました。

　アフタースクールでは，そこにある子ども本来の遊びや学習に注目し，その再現を試みました。日常の幼稚園や保育所で展開されている集団生活からは得られない，小人数で個々の遊びをじっくり，そして異年齢どうしが支え合って遊びを広げるなかでともに学び合う，そんな体験ができる場所を提供しようと考えました。個々の目標を実現することができるようにと，個別教育プログラムも導入しました。この一人ひとりの子どものために作られたプログラムを実施するなかから見えてきたこと，これからの預かり保育ではどんな保育が必要か，子どもにとって何がたいせつかなどについて，最後のまとめをしていきたいと思います。

創意なき教育

　なんの創意もなく過ぎてゆく日の、らくではあってもあじきないことよ。そのらくさを求むるものはなまけである。そのあじきなさに平気なのは鈍である。なまけは卑しむべし、鈍はあわれむべし。いずれにしても生命の衰退である。　生の衰退を断片に区切って、その日ぐらしというさけないことになる。その日ぐらしの連続が、無為という恥ずかしいことになる。自己を盛らない時間の空過だからである。

　時間の空過は必ずしも拱手徒然の間のみに起こらない。手も忙しく、事も繁き間にも、ただ忙、ただ繁、なんの創意もなく迎え送られてゆく時間は、一種の空過生活である。同じことの繰りかえしで、何も新しいものを生まないのは、時間そのものの経過に他ならぬからである。

　子どもが帰った後で、何の反省もしない人。疲れて、ほっとして、けろりとして、又疲れて、ほっとして、けろりとして、同じ日を重ねるだけの人、その日暮らしの人に創意はない。

（倉橋惣三）

1 これから求められる預かり保育

(1) 世界の保育と日本の保育の比較（預かり保育の視点から）

現在，日本の幼児教育は大きく2つの省庁が管轄をし，それぞれの個性を持った形で，保育所（厚生労働省）と幼稚園（文部科学省）の2つのシステムが連携をしながら保育が行われています。そのシステムだけでは補完できない，保育所入所待機児童の急増を解消しようと，それぞれのシステムが担っていた部分を共有したり，弾力的に対応しようとする動きの中で，預かり保育も生まれてきました。しかし，このように，2つの省庁で保育を担っている国は世界的にみてもあまり多くはありません。日本の社会構造や保育所や幼稚園の発祥のルーツが異なっているなど諸事情があって今に至っている訳ですが，この仕組みも考え直さなければならない時期に差しかかっているのではないでしょうか。

そんな今後の，日本の幼児教育のあり方を諸外国の幼児保育の実態から探ってみようと思います。

日本と比較的密接な関係にある国々の保育事情からその比較をしてみます（資料4-1参照）。

イギリスやアメリカの保育システムはかつて，今の日本の保育システムとかなり類似している点が多かったのですが，ここ10年間の間に，アメリカやイギリスはその保育ニーズの変化によって大きく変化しました。1997年のOMEP（世界幼児保育機構）の世界大会においても，ヨーロッパの保育が「教育」と同じ位置づけに立つという方向に移行しました。その移行に合わせ，幼保一元化（教育部門

第4章 新しい預かり保育への提言 127

がすべてを管轄）が積極的に行われており，年々その国の数がふえているという報告がありました。日本においても規制緩和の動きのなかで，保育サービスの多様化が試みられています。しかし，まだ始まったばかりで，システムとしての確立は，当分先になることでしょうし，まだまだ検討を要する課題が山積し，混沌としているのが日本の保育でしょう。

　それとは趣を異にするのが，中国の保育制度です。働く父母は社会の当然の常識であり，それが国の理念ですから，当然その保育制度も日本で言えば保育所が中心の保育制度のようなシステムになっています。この傾向に似ているのが北欧諸国の保育制度です。ノルウェーでも婦人の労働は社会通念ですから，雇用する側は母親の労働を当然のこととして処遇しています。子どもを出産した母親は1年間当然の権利として有給で育児休暇が与えられ，子育てが義務づけられています。そしてそれと対応して，雇用者は復帰を補償するように義務づけられていますので，母親が職場にしがみつかなくても，1年間ゆったりと，とくに子どもの発達にとって重要な乳児期の子育てに専念できることが社会的に保障されています。そして，育児休暇が明ければ，当然職場復帰をしますが，子育て中の母親は夕方の4時までの就労と決まっていて，多く働きたいおかあさんは早朝から働くといった自己選択もでき，夕方はどの家庭でも子育てに専念することになっています。保育所に預けて働くことは，どの母親でもする当たり前のことなのです。日本のように働くおかあさんが非難されたり，労働をするうえで，ハンディキャップを背負うことはありません。国民としての当然の権利なのです。国家という大きな枠組みから保育行政というよりは，保育とは，子育てとはという定義を持っていて，それが制度として具現化されている北欧や

中国の取り組みは見習うべき点があるのではないでしょうか。

　日本の保育行政の対症療法的な対応は一見保育ニーズに応えているかのように思えますが本当に子どもたちにとって，おとうさんやおかあさんたちが子どもを育てやすい保育行政に向かっているでしょうか。私には，今の保育行政や保育制度の変化の中からは，日本のこれからの子どもたちをどのように育成するかといった，子どもの立場に立った日本の保育哲学が見えてきません。ヨーロッパでの保育はキリスト教という宗教に支えられてきました。そして，個人がどのようにして生きていくかといった課題を教育の中で具現化しています。個々がその個性をどのように表現し，社会の中で生かすかが，生きる目的でもあります。

　日本でも個性の尊重を教育の中で強く打ち出したころがありました。自分の興味や関心をたいせつにして，それを実現していくことは確かに人が生きていくうえでとても重要です。ヨーロッパの個人主義は，大きなモラルである宗教という枠組みの中で，成熟してきたスタンスです。それを日本の村落的（没個性的）社会にまねて急にそのスタンスだけ取り入れても，無理があったのです。自分だけが満足したり，自分がよいと思ったから主張するといった，一方的な個性の発露，日本での個性尊重は，自分勝手な人間を生み出す結果になってしまいました。片や自分の主張をするくせに，肝心なところでは甘えて，責任をなすりつけてしまう。それは個性でも，個人主義でもありません。個々をたいせつにするというヨーロッパの個人主義に見習う点は多いでしょうが，日本の社会の中でどのような個々の尊重が可能なのかといった，日本としての考え方を構築していかなければならないでしょう。

資料 4-1

① アメリカでの幼児教育
◆変化するアメリカでの保育◆

アメリカでは，1960年代半ばまでは，幼児のEducation（教育）＝幼稚園や保育学校とCare（保育）＝保育所を分けて使い，二分化して保育をとらえる傾向が見られました。しかし，幼稚園が学校制度の中に組み込まれるなかで，Early Childhood Education（幼児教育）という用語から，Early Childhood Program（幼児期のプログラム）という考え方に移行しつつあります。このEarly Childhood Program（幼児期のプログラム）というのは，子どもの発達と学習を促す教育という意義が1995年の保育定義で強調されたもので，子どもたちの発達と知的，社会的，情緒的，言語やコミュニケーション，または身体発達に関する領域の学習が促されるように意図的にデザインされたセンターや家庭あるいは学校で行われる半日ないしは，全日の集団プログラムをさします。この定義により，幼児教育機関も保育機関も同列に扱い，EducationとCareといった二分化した考えから，統合へ移行しつつあるのが現状です。

◆ヘッドスタート◆

このヘッドスタートは，連邦政府機関による，乳幼児期のおもな保育プログラムのひとつ。経済的に恵まれない子どもを対象に1965年，ジョンソン大統領が唱えた「貧困との闘い」の施策の一つとして小学校入学直前の夏休みに全米一斉に実施されたものです。その目的は，経済的に恵まれない子どもの乳幼児期に受ける身体的，知的，社会的，情緒的な発達上のハンディキャップを就学前に補うための，幼児向け補償授業の実施でした。当時はどのようなプログラムがふさわしいのか試行錯誤がくり返され，たくさんの研究成果と多様なプログラムの開発が行われてきました。そしてこのヘッドスタートはいまでもなお人気の高いプログラムであり，その理由はたんに子どもの発達援助をするだけでなく，親たちに職業訓練の機会を与えたり，仕事まで与えるといった家族支援サービスを行ってきたからであると言われています。

◆保育センター◆

　保育センターはかつての保育所の系列に属しますが、この保育センターでの保育サービスは30から40種類あるとまで言われています。1990年の保育サービスの利用調査では、3歳未満児の場合、家庭保育（22%）、親戚や兄弟姉妹が面倒をみる（32%）、保育センター（20%）で親自身がみる（32%）でした。就学前の場合、保育センター（43%）、家庭保育（17%）、親戚や兄弟姉妹が面倒をみる（16%）、親自身がみるは20%近くありました。3歳未満児は保育サービスを利用するケースが少なく、就学前幼児は保育センターの利用が多いという結果でした。保育センターは連邦政府の補助金によって営まれているものが10%、教会や慈善団体で営んでいるものが40%、個人立が27%、チェーン式保育センターはおよそ9%という割合でした。

個人立保育センター：一般家庭で経営するものが多く、開設基準がなく、専門的な知識や訓練を受けなくても開設できるものです。規模は30人程度の収容人員で、経営者と1人から2人の助手で営んでいることが多く、利用者も近所に住む同階層の人々です。スペースは狭く、教育的な活動は少ないと言われています。

チェーン式保育センター：日本にも最近進出してきた、Kinder CareとMary Moppetが大手で、Kinder Careの場合1970年には全米で60施設であったものが、1988年には1100施設に伸び、年商20億ドルとも言われています。カリキュラムや教材は全国一律で、決まったプログラムを子どもたちにさせるというもので、子どもたちへの影響が危惧されています。

② **イギリスでの幼児教育**

　イギリスには就学前幼児が利用する法律の規定対象になっている保育様式が多く存在します。

◆Nursery School（ナーサリースクール）とNursery Class（ナーサリークラス）◆

　ナーサリースクールは地方教育局などによって運営される学校で、日本の幼稚園のように独立した施設を有した学校をいいます。対象の子どもは

2歳から5歳で，ここでの保育者は有資格者（4年ないしは3年コースを終了した保育者）を中心に，2年コースで取得される資格を有しているNNEB（ナーサリー ナース）から成り，両者のチームで保育を運営しています。私立もありますが，ほとんどが公立で無料です。ナーサリースクールはロンドンなどの都市部に集中していて，州によってはナーサリースクールを持っていない所もあります。

◆Reception Class（リセプションクラス）◆

リセプションクラスは義務教育年齢に達していない主として4歳児を（時として3歳児も）義務教育年齢の5歳以上の子どもといっしょに受け入れている小学校の学級をさします。ナーサリースクールやクラスの不足した地域などで，補完的な役割として存在しています。そして，全国に急速にこのクラスが拡大化しています。その理由として，小学生の減少に伴う教室や教員余剰が生じたこと，早い時期に就学前児を小学校へ入れたいという親の強い要望，そのような子どもを受け入れるイギリスの教育法の存在が挙げられています。教育設備は小学校の子どものために作られたものであり，教師も小学校の教諭ということもあり，問題点が多く，文部省でもその成り行きを見守っている状態です。

◆Day Nursery（デイ ナーサリー）◆

厚生省の社会サービス局の管轄下にある保育施設で，公立では親が共稼ぎ，単親の子ども，親が病気の子どもなどの危機的状態の家庭の子どもや社会的困窮度の高い子どもが優先的に収容される施設です。日本の保育所のシステムとよく似ていて，居住地域や資産・収入状況によって，保育料に差をつける方式をとっています。対象の子どもは生後数週間から5歳までですが，大部分が2歳から5歳です。保育者は施設長（matron）の資格，看護婦の資格，もしくはナーサリーナースの有資格者か一定の条件を満たす者となっています。営利目的のデイナーサリーもあり，保育料は高額となります。

◆Playgroup（プレイグループ）◆

プレイグループは社会サービス局の承認を得ないと正式に登録できないしくみになっています。その承認には施設，設備，おとな対子どもの人数，

運営方法などの基準があり，実際はその基準をクリアしていない無認可のプレイグループも多く存在しています。このプレイグループでは，親がボランティアとして，自分たちの子どものグループを作り，遊びを子どもたちに提供していこうというもので，かつてはナースリースクールの代用的な役割を担っていました。現在は親どうしが結束し，地域社会に溶け込んで，ユニークな保育を展開する組織とみられています。母親が当番制で保育に当たるなどさまざまな方式がありますが，毎日開くわけではなく，週に数回，公民館を利用など，形態もさまざまです。

④中国での幼児教育

中国での保育制度は建国以来「子どもの成長と父母の労働を補償する」という目的のために整備されてきました。そのために，日本とは趣を異にし，働く父母を国が支援する制度で，今の日本での幼保一元化の問題や規制緩和の問題は存在しません。

◆託児所と幼児園◆

中国では，年齢によって保育を行う施設が区別されています。日本の保育所や幼稚園のように同じ年齢の子どもが異なった管轄システムの中で同じように保育されることはありません。0～3歳までは政府衛生部門が主管する託児所が保育を行い，3歳～6歳までは政府教育部門が主管する幼児園が保育を行うという方法をとっています。また，託児所の設置は親の職場と地域社会が行っています。

◆日託と全託◆

中国の託児所にも幼児園も日託という全日制保育と全託という寄宿制保育の2つがあり，さらに半日制や隔日，季節保育なども存在します。日託のみ，日託クラスと全託クラスの併設，全託のみの施設など，利用者のニーズに合わせた施設運営がされています。日託の保育時間は早朝から夕方までが基本で10時間前後です。3度の食事とおやつが提供されます。

◆組織編成上の基準◆

託児所

・乳児クラス…生後2か月～10か月，1クラスあたり15～18人，保育者対

子どもの比率は全託で1：3〜3.5，日託で1：4〜5です。
- 年少組…11か月〜18か月，1クラスあたりの人数は乳児クラスと同じ，保育者対子どもの比率も同上です。
- 年中組…19か月〜満2歳，1クラスあたりの人数は同上，人数比は全託で1：4〜4.5，日託で1：6〜7です。

幼児園
- 年少組…満3歳〜4歳，1クラスあたり20〜25人，全託で1：4〜5，日託で1：6〜7です。
- 年中組…満4歳〜5歳，26〜30人，同上。
- 年長組…満5歳〜6歳，31〜35人，同上

◆幼児園の教育改革◆

　中国でも，日本同様，幼児教育が直面している問題は従来の教科中心，教師中心の教育方法でした。その改革の目的は子どもの環境と生活経験に基づく遊びの重視でした。現在，大学や各地の教育研究所を中心としてさまざまなプロジェクトを組み，教育内容の開発に当たっています。その取り組みのひとつとして，活動区による自由遊びの研究があります。これは，コーナーを設置しそのコーナーで子どもたちが自由に遊ぶというものです。また，単元カリキュラム，主題統合カリキュラムなどのカリキュラム開発も行われています。この取り組みは，自然・社会などの環境から有意義なテーマを選び，子どもが世界を発見したり，認識するおもしろさや楽しさを味わえるようなカリキュラムの開発です。このような総合的なカリキュラムの子どもたちの発達（認知，社会性）についても検証されはじめています。

(2) 世の中が変われば，保育も変わる

① 変わるもの変わらないもの

　私が子どもだったころは，母親が働いている家庭はとても少なく，働くおかあさんの家庭の子どもを「かぎっ子」とよび，かわいそうな，不敏な子ども，貧しい家庭といったイメージが持たれていまし

た。私の母も私が小学校5年生ごろからパートの仕事を始めたのですが、私も子どもながらになんだか惨めな気持ちになったものでした。鍵を開け、「ただいまー」と玄関に入ってもだれの返事もなく、時にはその寂しさに涙したものでした。ただ、何よりもうれしかったのが、母親の手作りおやつでした。当時はオーブンなど普及していませんから、小麦粉や卵を使って揚げてくれたドーナツや、大学いもなど、今思えばなんとも素朴なおかしでしたが、それが心の支えでもありました。

　そして、私も成人し、結婚し、2人の子どもの母になり、幼稚園の教諭をしながら子育てを、つまり働きながら子育てを母と同じようにしていました。あのころの寂しさはいつのまにか忘れ、結局自分も働く母をやっていました。「どうしてなんだろう？」と思うのですが、働く母のひたむきな姿をいつしか尊敬していたからだと思います。

　近年になり、女性が外で働くことは特別でなくなり、働く場所もふえ、女性が、母親が働くことへの抵抗はかなり少なくなりました。女性の方でも、働きながら子どもを育てたいという気持ちをもつ傾向が強まり、その傾向と合わせて、保育所への入所児が年々ふえ、一方で幼稚園の需要は、少子化のあおりもあって激減しました。私が子どもだったころから、たったの30年程度でこんなにも社会の考え方、そして仕組みまで変化してしまいました。

　ここ数年、保育行政も柔軟な対応を試みています。世の中が変われば、つまりその社会の構成員である母親が、父親が、女性が、男性が変われば、その子どもたちにかかわる保育も学校もすべて変わらざるを得ないのでしょう。しかし、変えてよい部分と変えてはいけない部分があると思います。「人間の営みとは、その子孫を育て、

自分たちの作り上げてきた文化を維持し，発展させていくというサイクルを永遠に続けていくこと」という大前提は，どの時代にあってもたいせつにしなければならないことでしょう。そのような視点に立ってみると，これからの社会を作っていくのは，今の子どもたちです。世の中がどんなに変わっても変わらないもの，それは次世代を担う子どもたちをたいせつに育てることが社会の義務だということです。働く母親を支援するのはなぜか，その仕組みを変革する意義を問わずして，便利になることだけを追求してはいけないでしょう。

② 子どもの問題は日本の問題

不登校，学級崩壊，青少年の凶悪犯罪などが多発するなかで，初めて幼児教育が脚光を浴びました。このような教育の重大問題の背景に幼児期の育ちの問題があったのではないかといった，原因論的アプローチから幼児教育が非難されたり，重要であると持ち上げられたり……。「三つ子の魂百までも」ということわざがあります。たしかに3歳までの育ちがその人の基本を作ることは，多くの研究で客観的視点から証明されています。幼児教育は，そのような意味からみれば，とても重要な役割を担っているともいえるでしょう。子ども一人ひとりをたいせつに育てることが，ひいては日本という国を支える，創るということになると思います。人間の成長にとって幼児教育だけがたいせつなのではなく，一人の成人したおとなに育てるそのプロセスすべて，そしてそれにかかわる社会のすべての人が重要なのです。幼児教育をはじめとして，すべての教育を見直さなければならない「とき」がすでにきているのではないでしょうか。

起こってしまった問題を解決する，そのような対症療法も当然必

要ですが、もっと根本にある教育そのものに対する日本人としてのスタンスや哲学を構築し、そのうえでシステムを創りあげていかないと、一時的に解決したように見えた問題が、結局、ちがった形で顕在化してくると思います。

　学校が荒れた時代がありました。そして、それが収まったころ、不登校やいじめが起きました。そして、いまや青少年の凶悪犯罪です。顕在化した問題はちがって見えますが、その元凶はすべて同じところにあるのではないでしょうか。この諸問題は子どもたちからのSOSのサインなのではないでしょうか。「おとなたち！それでいいの？」「もっと、本気で考えて！」「私たちを見て！」

③ 子どもをたいせつにした保育とは

　子どもをたいせつにした保育とは、子ども一人ひとりの生命の尊厳をたいせつに守り育てていくことだと考えます。そこで子どもの生命の尊厳をたいせつにするためのいくつかの取り組みを紹介していきたいと思います。

◆子どもの権利条約◆

　1945年、第二次世界大戦の終結後、新たに国際連合が結成された翌年、国連の経済社会理事会で子どもの権利宣言を創り出すことが求められました。そして、その2年後、1948年の国連総会で世界人権宣言を採択し、その中で「教育への権利」「母と子どもとは特別の補助および援助を受ける権利」「すべての子どもは、嫡出であるかどうかは問わず、同じ社会的保護を享受する権利」などの項目が掲げられました。そして、1959年ついに国連「子どもの権利宣言」が発表されました。この宣言の特徴は「子どもの発達の保障」がうたわれたことでしょう。そして、この宣言の20周年にあたる1979年「国際子ども年」に向け条約化が進み、1990年に国際条約として

「子どもの権利条約」が成立し,わが国でも1994年に批准されました。

　この「子どもの権利条約」が成立する背景には,子どもを取り巻く環境の悪化がありました。私たちの生活は物質面では豊かになりました。しかし,それは一部の国の話で,第三世界では極端な貧困に苦しんでいます。豊かさの中に惑溺している国がある一方で,第三世界の子どもたちは貧困によって生存権までもが危機にされされています。このような子どもたちを取り巻く人間関係や環境の格差から子どもを守る必要が生じたのです。

　物理的な環境の悪化だけでなく,人々の内面の汚染も深刻です。地球環境を悪化に導いたのは人間そのものです。その人間は繁栄に向かい飽くなき追求をくり返し,非人間性や退廃という内面汚染が進んでいるのです。今,起こっているさまざまな社会問題の中心が子どもにシフトしつつあります。これらは,このおとなたちの内面汚染への警告であるといわれています。子どもを取り巻くこのような物理的,人的環境の悪化から,子どもの生命,尊厳を守ろうと,この「子どもの権利条約」ができあがったのです。

　日々の私たちの暮らしからは,貧困や飢餓,おとなたちの横暴な振る舞いによる子どもの権利の剥奪はなかなか目に見えてきません。「子どもの権利条約」の存在すら知らない人がなんと多いことか。日本にあって,比較的豊かな暮らしに甘んじていますが,実は世界的レベルでは,子どもの将来にとって由々しき事態が生じていて,多くの子どもたちは常に死の危険にさらされているのです。そのような世界的な動きの中での日本の子どもたちの将来を,私たちは大きな視野から考えていかなければならないのではないでしょうか。子どもは一人ひとり生きる権利をもって生まれてきます。おと

なたちがその生きる権利を侵害したり，剥奪したり，妨害することがあってはならないのです。子どもはどんなに小さくて未熟であってもおとなたちの犠牲にしてはいけません。日本の子どもたちの将来，世界の子どもたちの将来といった大きな視点から子どもをたいせつに育むことがたいせつなのだと思います。

◆**子どもをたいせつにした保育とは**◆

今の日本の子どもたちは，豊かな生活をしています。ブランドの洋服をまとい，高価なおもちゃを山のように買ってもらい，幼稚園や保育所にほとんどの子どもが通い，教育はだれにでも均等に与えられるようになり，日本の子どもたちはとても幸せな環境に育っていると言えましょう。それならば，どうしてこんなにも多くの教育問題が起きるのでしょうか。教師が，学校が悪いのでしょうか。

原因はいくつもあると思いますが，子どもに何かを買ってあげたり，何かをしてあげることと，子どもをたいせつに育てることはちがった次元のものなのではないでしょうか。物質文明に惑わされて，子どもとの心のやり取りを忘れてはいないでしょうか。家庭での幼児虐待が最近，問題になっています。昔は貧困のために子どもを殺してしまったり，捨ててしまったりということがありましたが，今はちがいます。豊かな生活に押しつぶされ，人間関係を見失った末の虐待という気がしてなりません。人間は人間とのかかわりを通してしか育つことができない動物です。人が人とかかわることは最も原始的な行為でありながら，最も尊い行為でもあります。子どもをたいせつにするということは，子どもと心を，肌を触れ合い，子どもとともに生きることなのではないでしょうか。特別なことをするのでもなく，一人ひとりの子どもの今をかわいいと思い，子どものしぐさや言葉に一生懸命耳を傾け，目をかける。抱っこといったら，

思いきり抱っこしてあげる。自立が遅れてはなどと育児書を見ながら子どもの成長を評価するのでなく，子どもの日々の育ちとともに喜びを感じることが，子どもをたいせつにすることにつながるのではないでしょうか。

(3) これからの預かり保育の課題と役割

アフタースクールの実践を紹介するなかで，預かり保育の担うものを考えてきましたが，預かり保育だからこそ実践できたアフタースクールの試みから，どの保育にも通じる道も少し見えたように思うのです。そこで，ここでは預かり保育が担っていかなくてはならない課題や役割について私の意見をまとめてみます。それは同時に保育そのものの課題や役割でもあると思っていることです。

① 子どもの健やかな成長の場として

◆健康な生活◆

今，私たち，そして子どもを取り巻く環境は悪化の一途をたどっています。環境ホルモンや遺伝子操作食品の氾濫，森林伐採，オゾン層の破壊など，刻々と環境が破壊されています。そんな，深刻な問題を知らない子どもたちが今一番の被害にあっているとも言えます。アトピー障害が多発して，皮膚炎だけではなく，いろいろな健康問題を引き起こしています。そのような環境の悪化の中で，子どもたちの健康な生活の場をおとなたちは本気になって改善，回復させていかなければならないでしょう。そのような悪条件下にある子どもたちも，日々成長しています。

先ごろテレビで病児保育を特集していました。子どもの生活は親の手を離れ，他人に委ねられることが，日増しにふえています。このように，子どもの生活を親からどんどん引き離していく保育は子

どもたちにとって幸福なことなのでしょうか。家庭の状況も理解できます。おかあさんたちの気持ちも十分に理解できます。だからといって、子どもが何も文句を言わないことに、私たちは甘えていないでしょうか。このような、疑問を常に心に持ちながら、子どもの成長を見つめていかないと、何も言わない、言えない子どもたちの健康な生活を守っていくことはでいきません。子どもの自然な生活リズムを壊してまで、保育施設や保育者が子どもを受け入れることが先行する危険を私たちは知っておかなくてはならないでしょう。

　子どもが置かれている現状の中で、子どもの健康な成長という物差しに当ててみて、どこまで保育施設が働くおかあさんたちの支援をし、保育を担うのかを考えるべきでしょう。子どもの保育を担う保育施設や保育者は、子どもの生活を、預かっているその時間だけ切り分けて考えるのではなく、子どもの生活丸ごとの一部として、園での生活を組み立てて、援助方法などや環境設定を工夫していくことが必要でしょう。子どもの生活は連続しているのです。その生活のリズムや生活パターンを子ども一人ひとりについて理解して、自然な生活を保育施設でも展開していかなければならないでしょう。

　目先の利益にとらわれず、子どもの健康な生活を支援するものとして、子どもの側に立った保育を第一に考え、さらにおかあさん方を支援、指導していける、そんな保育が展開されることを望みます。

◆**安全で快適な生活**◆

　今や、少子化傾向で、保育所不足はあるものの、幼稚園や小学校など教室に余剰を生じているところも少なくありません。保育行政の柔軟化により、預かり保育が幼稚園で導入されたことは、ギュウギュウ詰めの保育環境からゆとりのある保育環境へと方向を変える

チャンスでもあります。4歳以上の学級人員が40人からやっと35人に変わりましたが、実態はやはり詰めこみです。

　子どもの数が減り、保育環境が一部で余り、保育者も余る、という事態になっているわけですが、逆に考えれば、多くの保育者でゆったりと一人ひとりの子どもをたいせつにした保育が展開できる可能性が増したのです。子どもたちが思いきり体を動かして、たっぷりと遊べる環境を提供し、手厚い保育を展開してほしいと思います。

　子どもたちの遊び場が子どもたちの身近な生活からどんどん奪われています。家を出ればすぐに車が走る道路。広場も少なくなりました。小さな児童遊園はあるにはありますが、おとなが考え整備した、こじんまりした公園では、創造的な遊びは広がらないと思います。

　子どもたちが思いっきり遊べる安全で快適な空間を提供できるのは保育施設です。子どもの遊びのために、生活のために、成長のために、すばらしい環境を用意してやりたいものです。

◆**豊かな生活**◆

　子どもの家庭での遊びは大きく変化しました。テレビが普及し、ビデオ視聴が可能になり、テレビゲームが家庭でできる時代になり、子どもの遊びは戸外から室内へと移っていきました。

　私が勤務していた幼稚園で子どもの遊び調査をしたことがありました。その結果をみて、本当に驚きました。戸外での遊びは幼稚園から自宅に帰ってから平均1時間程度の家庭がほとんどで、テレビ視聴は3時間から4時間という結果だったのです。また、子どもの遊具（おもちゃ）も多種多様のものが売り出され、どこの家でもあふれかえったおもちゃの置き場所に苦慮していました。

　このような生活が本当に子どもたちにとって快適で豊かな生活と

いえるでしょうか。子どもが容易に遊べるように，そして何かを意図的に学べるようにとすべておとなが創り出したものばかりが子どもを取り巻いています。確かに，色もきれいで，安全にも十分留意されています。そのようなおもちゃが決して悪いとは思いません。しかし，子どもはそんなすてきなおもちゃにはすぐに飛びつきますが，意外とすぐに飽きてしまうのです。子どもたちは自分たちで探した石や木の破片は，何日もいろいろな遊びに応用して楽しんでいます。保育を担う者は，子どもたちの心を育てるような環境をもっと用意すべきではないでしょうか。子どもたち自身が，遊ぶ道具（おもちゃ）を発見し，わくわく，どきどきしながら，夢中になって遊べる，そんな環境から豊かな心が育まれるのではないでしょうか。

　預かり保育だから，預かっている保育を提供していませんか。ビデオを見せ，おやつを与えて，時間を過ごしてはいませんか。預かり保育だからできることもありますが，預かりという言葉で保育の意義や価値を見落としてはいませんか。どんな時もどんな場所でも，子どもが心豊かに過ごす環境を吟味し，用意することがこれからの保育に求められる使命なのではないでしょうか。

② 子どもがともに育ち合う場として

◆一人ひとりの育ちを支える◆

　預かり保育は小規模の集団を対象にしているので，日常の保育ではなかなか実現できない保育を展開できる可能性ももっています。小規模の集団だからこそ一人ひとりの子どもと保育者がかかわることができるのです。

　35人も子どもがいるクラスの運営は，はっきり言って保育者の力量の限界を超えています。かつて行われていた保育者主導の保育であれば可能です。子ども一人ひとりの気持ちはどうでもいいのです

から。

　ところが，子どもの1クラスの人数はほとんど変わらず，保育の内容だけが，保育者1人で35人の子どもの個性を尊重し，子どもの遊びを援助していくという方向にシフトしてきました。子どもの立場に立ってみれば，本当に一人ひとりの気持ちを汲んでもらえたと思えているでしょうか。大人数を相手にした保育では困難なはずです。そのような矛盾を抱えた保育現場の中で，預かり保育こそが，唯一小集団で，保育者がじっくりかかわれる保育現場といえるかもしれません。

　子どもの必然から生まれた状況ではありませんが，せっかくのチャンスです。一人ひとりの子どもとゆっくりかかわるなかで，一人ひとりの子どもの姿（実態）を見つめることも，ひいてはこれからの保育そのものを考えるきっかけになるのではないでしょうか。

◆子どもと子どものかかわりを育てる◆

　たくさんの子どもたちが群れて遊ぶ場所が保育施設です。子どもの遊びの内容によっては，たくさんの子どもがいた方が楽しいこともあります。ゲームや鬼ごっこなど，一人や二人では盛り上がりません。多くの友だちがいるから楽しい，みんなとやるから楽しい活動があり，そこで育つ力はそのような場所でしか育てることができないものでしょう。

　アフタースクールでの試みでは，預かり保育ということで，必然的に異年齢保育になってしまいました。そして，小集団（10人から15人）だからこそ，子どもどうしの密接な育ち合いがありました。年長組の子どもたちはたくさんの経験を生かしながら，どんどんテーマ保育の中で，自分たちの発想をいろいろな形で表現し，実現していきました。一方，年少児（3歳児）だとなかなかそのテーマの

意味がわからずなんだかおもしろそうだからまねをしてみようと，見よう見まねでテーマ保育にかかわっていきました。いまや兄弟姉妹が少ない子どもが多く，身近なモデル（見本）となる子どもや友だちが少ない現状があります。アフタースクールでは，まるで兄弟姉妹のように小さな子どもはお兄ちゃんやお姉ちゃんのまねをしながら自分たちの楽しさを発見していきました。そして，年長児たちは，いつしか年少児たちから慕われているうちに，お兄ちゃん，お姉ちゃんらしくなっていきました。保育者がいちいち年長児たちに年少児たちを手伝ったり，助けたりするように指示しなくても，自然な遊びの中でその関係が育っていました。このような関係は意図的に結ばれるものではなく，自然な楽しい遊びを通して，かかわり合うなかで，生まれ，育つものであることを，この試みで知りました。預かり保育は，きょうだい関係の補完の役割も担っているのではないでしょうか。小集団で，異年齢だからこそ育てられるものをもっているのです。

　子どもの成長にとって兄弟姉妹の人間関係はとても重要な役割を果たしています。依田（1990）は『きょうだいの研究』という著書の中で，きょうだい関係について詳しくその意義を説明しています。それによるときょうだい関係は「ナナメの関係」で，親子関係のような縦の関係と友だちのような横の関係の双方の要素を持つものと考え，親子関係からスタートした人間関係から友だち関係という横の関係に移行するための体験の場であるとして，その重要性を説いています。しかし，現実として一人っ子がふえ，多くても二人きょうだいという家庭が多いなかで，十分なきょうだい関係を体験することは不可能になっています。現在実施されている小規模な預かり保育では必然的に小人数となるので，いろいろな年齢の子どもがい

っしょに集まって遊ぶという経験はきょうだい関係の補完になるでしょう。預かり保育はきょうだい関係体験の場としても重要な役割を果たすと思われます。

③ 母親を支援する子育てセンターとして
◆保育を感じる，知る◆

最近，公民館や幼稚園，保育所などで「子育てセミナー」や「子育て学級」などの子育て支援活動が積極的に実施されています。そのようなセミナーや講演会でたくさんのおかあさん方や子どもたちと出会うことがよくあるのですが，10年前ぐらいに比べて，その参加者の数がとにかくふえたこと，そしておとうさんまで参加してくるようになったこと，熱心にメモを取りながらその講演会や勉強会に望んでいることなど，みなさん子育てに関してとにかく積極的に学ぼうという意欲が高まっているように感じます。

また，そのような場所に行かないと子育てのネットワークに出合えない現状もあるようです。このような集まりに来ることで，「なんだ自分と同じ悩みを持っている人がいるんだ」と安心したり，「先生にそれでだいじょうぶって言ってもらえたので，少し楽になりました」と自分の子育てに自信がもてない，確認したいという思いで参加しているおかあさん方も多いようです。核家族化が進み，近所を見渡しても同じような小さな子どもを抱えている人が少なくなり，また働きながら子育てをしていると昼間は会社，夜は自宅といった日々のくり返しで，子育てを共有したり，共感できる同年代の友だちがなかなか作れないため，子育てセミナーなどの催しに参加するのでしょう。かつて自然発生的にあった子育てのネットワークも今や，意図的に創っていかなくてはならない時代になったのだと思います。保育所や幼稚園などの幼児教育施設では，そのような

子育てを支援し，おかあさんやおとうさんの子育てのためのネットワーキングを積極的に推進していく必要が生じています。預かり保育という物理的な保育の補完もたいせつですが，そのようなハードウェアの整備にも増して，精神的な支援つまりソフトウェアの整備もより強く期待されるところだと思います。

　子育てを孤独な中でしていたら，だれだって不安になります。幼稚園や保育所では，保育をもっと公開するなかで，保育者と子どもとのかかわりから子育てのヒントを提供したり，子どもたちの生の姿を見ていただき，おかあさんやおとうさんたちに自分の子どものいろいろな側面を見て知ってもらい，子ども理解をうながしていく必要があるでしょう。そして，保育者は良きモデルとして，「保育ってこんなことなんだよ」と感じてもらう役割を担っていかなければならないと思います。おとうさんやおかあさん方からのアプローチを待っているのではなく，保育者側から積極的にアプローチをして，保育を感じて知ってもらう努力をしていかなければならないでしょう。

◆保育を学ぶ，楽しむ◆

　保育は本当に楽しくて，すてきな人間の営みであると私は思います。しかし，このごろのおかあさんたちの話をうかがっていると，「失敗できない」「……にすべき」といった「べき思考」を持って，自分の子育てを楽しくなくしているように思います。子どもの数が減った分，一人の子どもにかかる子育てパワーが大きいのはうれしいことなのですが，パワーの方向がどうも少しちがっているようです。一生懸命子どもを見つめることはたいせつですが，一生懸命子どもの生活をコントロールしたり，整備しすぎたり，手をかけすぎたり，子どもの自分で育つ力の芽を結果として摘んでしまっている

場合があります。子どもの遊びをおとなが何とか用意したり，整備する前に，もっと子どもの遊び，そして子どものその時の表情，気持ちの動きをじっくり見てほしいと思うのです。子どもは，実にいろいろな表情を見せてくれます。おとなが忘れかけている，本音の気持ちが至る所にあらわれ，その目の動きやしぐさを見ているだけで，思わず抱きしめたくなるほどです。子育てには，楽しいことがいっぱい隠れています。

ところが，おかあさんやおとうさんとなると子どもを立派に育てなくてはという責任が先に立ち，楽しむどころか必死になってしまうのでしょう。子育ての楽しさは，子どもといっしょにたくさん遊ぶ，そしてその遊びを自分も童心にかえって楽しむことから始まるのではないかと思います。子どもといっしょになって遊んでいるうちに「こんなときは……・ああすればいいのか」「えっ！　そんなことだったのか」など子どもの気持ちやその行動の意味や育っていくプロセスなど多くのことに気づけると思います。子ども理解はそのような気づきから始まるのです。子どもを本当に理解していけば，どのように子どもに接していったらよいのかも見えてくるでしょう。

そのような，子どもとともに遊び楽しむ場を提供したり，遊びの楽しみ方の見本になって見せたり，保育者もおかあさんやおとうさんもいっしょになって子どもの遊びに加わったり，といったコーディネータ役，子育てを学べる場所の提供者としての役割をこれからは保育所や幼稚園は担っていかなればならないと考えます。子育ても学ぶことが必要な時代になってきたのです。

◆いっしょに育つ◆

親年齢という考え方があります。子どもが1歳になったら，親と

しての年齢も1歳になったという考え方です。子どもを産み、育てるという経験は親という立場になってみなければできないことです。「子を持って知る親の恩」ということわざを思い浮かべますが、まさにその通りという実感を私は持っています。子育ては、とにかくたいへんです。初めて出会ったわが子は、言葉もろくに通じない、こちらからの働きかけには思ったように応じてくれない、すぐに泣いたり、だだをこねたり、振り回されることばかりです。私自身親になってみて、がまんすること、譲ること、諦めること、じっと待つこと、見守ることなどを学びました。おとなになるといつしか、何でも自分で決め、自分でできると思いこんでいたようで、この何ともならない現実が自分の子どもでした。悪戦苦闘という言葉がぴったりかもしれません。私の子どもももう成人しました。私も親年齢20歳を越えて、やっと親として一人前になったのでしょう。子育ての道のりは終わりがないと思います。親年齢20歳を過ぎても相変わらず、わが子への悩みはつきません。

　しかし、自分も子どもといっしょに成長していると思えば、あせることはないとも思えるのです。子育ては、子どもを育てることですが、親もいっしょに育つものなのです。子育てについての相談が最近とても多くなりました。子育てをしながら親自身が自分に自信を持って親子ともに育ちあえるようなサポートが必要になってきていると思います。このような親子の育ちを、保育所や幼稚園は理解し、支援していくかなければならないでしょう。

◆**子どもの生活をいっしょに支える**◆

　子どもの生活は、家庭生活と幼稚園や保育所での社会生活に分けることができます。これまでは、家庭生活を中心とした幼児の生活が主流でしたが、預かり保育が広まり、また保育所に通う子どもが

ふえると、家庭生活よりもそのような施設での生活の比重が大きくなってくるでしょう。栄養たっぷりの食事、衛生的な生活環境、発達に即した遊びや休息、個々の子どもにあった生態リズムの考慮など、その担う役目はふえると思います。子どもの生活は家庭で過ごしているときも、保育施設で過ごしているときも、すべてその子どもにとってのたいせつな生活です。途切れることのない自然な生活が営まれることが、健やかな成長発達にはかかせません。そのためにも、保育施設では、その日の子どもの生活全般にわたってのようすをていねいに保護者に伝え、また家庭での生活については情報をきめ細かく収拾し、24時間、そして365日子どもの生活全般にわたって情報交換をしながら、一貫性のある保育を支援していかなくてはならないでしょう。

2 豊かな「保育」実践のために

(1) 豊かな保育実践のために
① はじまりは気づきから

アフタースクールでの新しい試みは、保育者の悩みやジレンマから始まりました。日ごろ私たちは「こういうものだ」「これでいい」と、いつもくり返していることやそのくり返しの便利さや容易さに甘え、「これで、本当にいいのだろうか」という疑問や迷いをごまかしてはいないでしょうか。「これでいい」と思っているのは、保育者側の考え方であり、本当に子どもの立場に立ったら、まったくよくないことをしている可能性もあるのです。

アフタースクールの保育者はこの試みの中で「この子にもこんな力があるんだ」と気づきました。何年もその子どもの保育をしていたにもかかわらず，気づかないでいたことにです。気づきは自然に起こるものではありません。努力しない限り永遠に気づかないでしょう。自分の今やっていることに疑問を持つことはとてもつらいことでもあります。だれだって自分のしていることがまちがっていると思っていたら生きていけませんから。でも保育者はそれを仕事として，子どもの命を預かり，その育ちを責任をもって支援するといったプロフェッショナルなのです。主観的ではなく，客観的に振り返り，子どもの成長にとって何がたいせつなのか，子どもはどんな気持ちでいるのかなど，子どもの立場に立って自分の保育の意味や功罪をみつめていかないと，保育者の自己満足保育になってしまいます。

　保育者だけではありません。預かり保育のシステムは，子どもの心身の発達にとってどのような意味をもつのかに気づくことがたいせつです。保育を何時から始め，何時に終了し，おやつを与えて何をいつするかといった問題の処理に目を奪われることなく，そこで生活する，そこで生きている子どもたちにとって何が必要であり，たいせつなのかに気づこうとしてほしいものです。預かり保育という言葉通り，預かるだけの保育になってしまっては，だれのための保育なのかわからなくなります。預かり保育であっても，その目的が子どものための保育でなければ，結局，子どもが犠牲になってしまいます。預かり保育だから，内容がどうでもよいなどということはありません。そこで，日々刻々，育っている子どもがいるのです。その1秒1秒の育ちに私たち保育者は責任があるのです。「保育はだれのために何をすることなのか」という命題を常に保育者はかか

え，自分の保育を振り返り，その保育について気づく努力をしなければ，いつまでたっても，真に子どものための保育は実践できないでしょう。

始まりは気づきからです。未来を担っている子どもたちを育てるのはおとなたちの責任です。その責任を果たすためにも，少しつらいかもしれませんが，日々の保育に疑問を持ち，みんなで気づいていきたいものです。

② 私たちにできること

◆保育者にできること◆

保育実践をビデオに収録し，保育者みんなでその保育についてカンファレンスを開いたことがあります。ビデオを収録した目的は友だちとなかなか遊べないある子どもへの援助を探るためでした。

> 3歳のよし君は保育所に入園してまだ，数か月です。保育者とは遊べますが，友だちの中にはなかなか入っていけず，ひとりでぽつんとしていることも多く，表情も暗かったのです。その収録したビデオを保育者全員で視聴し，よし君の発達や友だちへのかかわり方を理解しようと思ったのですが，よし君の発達よりも何よりも，保育者に目や行動で何度もよし君はサインを送っているのに，保育者はその日のねらいであるごっこ遊びを盛りあげることに夢中で，よし君のサインをすべて見逃していました。ビデオの中で，よし君は「どうしてわかってくれないの？」「ぼくを見て！」「ぼく，先生と遊びたいよ」と飛びついていったり，ブロックを投げてみたり，友だちのじゃまをしたり，何度も何度もサインを送っているのに，よし君の前を何度も保育者は横切りながらもそれに気づいていないのです。
>
> カンファレンスの中で，保育者はよし君の友だちと遊べない，保育所になじめないといった問題を話し合うつもりだったのですが，問題

> はよし君ではなく，よし君の気持ちを汲み取れていない，サインに気づかない保育者側にあることに気づきました。よし君は友だちと遊ぶより，保育者とたくさん遊びたかったのです。保育者との信頼関係ができあがっていなければ，同じクラスの子どもとも遊べるようになれるはずがありません。保育者側の見方でよし君が遊べないと見ていただけで，よし君は遊びたかったのです。

　保育者は子どもたち，一人ひとりの育ちに配慮して遊びを紹介したり，誘導したり，見守ったりしているつもりなのですが，クラスとしてみんなで取り組む遊びなどになると，個々のその遊びに取り組んでいる気持ちよりもみんながその遊びに参加できたか，その遊びが盛りあがったかなど，全体としてその遊びの価値を評価してしまう傾向があるようです。遊びに全員が参加することはたいせつではありますが，それよりもその遊びの中でもった心持ちも楽しみ方も一人ひとりちがっているのに，ひとくくりにして「みんな楽しかったね」と子どもたちのそれぞれの思いをまとめてしまう。保育者の独りよがりな保育は，保育者の自己満足しか育てません。保育者はだれのためにあるのでしょうか。一人ひとりの子どもの楽しさのちがい，つまらなさのちがい，やりたくないといった言葉にも一人ひとりの心持ちのちがいがあるのです。その心持ちを気づきたい，知りたいと思うことと，いつも保育がだれにとってたいせつなのかを振り返り，確認する心がけが保育者にはたいせつなことだと思います。

◆社会ができること◆

　やっと幼児教育が日の目をみる日がやってきました。しかし，あまりうれしくない現状から日の目を見るに至ったという経緯には少

し不満をもっています。いじめ，不登校，学級崩壊，今やだれもが知っている教育問題の中から幼児保育がやっぱり重要であるということになり，もっともっと以前から多くの幼児教育の先駆者が唱えていたことなのに，気づくのが遅すぎるという感さえ抱きます。正直いって日本の幼児教育は幼稚園や保育所の数からいえば，大きく発展したと言えるでしょう。しかし，その教育内容，そのシステムは誠に脆弱です。保育行政にかけている予算は少なくないはずなのに，少しも改善されていない問題が山積みだからです。幼児の数対保育者の比率は未だに35人対1人です。先進国のどこを見ても，リーダー的保育者の数は変わらないでしょうが，サポートをする保育者の数，そしてそのサポートシステムがあるため，子ども一人ひとりに目が行き届いています。幼稚園教育要領や保育所保育指針などでうたっている保育内容は，子ども一人ひとりの育ちをたいせつにするすばらしい内容かも知れません。しかし，35人対1人のシステムで本当にそんな保育が実現できるのでしょうか。保育者どうしの話には「無理だよね」といった本音がいつもでます。

　また，保育者養成にも多くの問題があります。なりたい職業のトップクラスに幼稚園や保育所の先生があがっているようですが，せっかく保育者の資格を取得しても働くところがないといった現状なのです。また，保育所や幼稚園が急速にふえた時代は保育者不足が深刻で，2年間の養成期間で免許を取得させていかなければ間に合わないほどの状態でした。しかし，2年間の養成期間では，最低限度の保育技術と幼児理解のきっかけくらいしか学べないのが現実だと思います。国によってシステムはさまざまですが，保育者の養成にはもっと長い時間をかけている国がほとんどです。実習を重視し，数年間幼児教育施設で働いたことがない人は，保育者養成学校に入

学できないといった国や，最低4年間の養成期間を経た後，サブの資格が与えられ，保育者として適しているとヘッドティチャーが許可した者だけに，資格が与えられる国もあります。

近年保育者のバーンアウト（燃え尽き症候群）や幼児虐待が問題になっています。保育者は子どもの生命の維持とその育成に大きな責任を持っています。養成期間だけの問題ではなく，本当に保育の重要性を知り，保育者にふさわしい人が保育にあたる，そんな保育者養成を望みます。現場に出て，すぐに35人の子どもたちの前で無我夢中で保育をする。右も左もわからないまま保育をして何年かが過ぎてしまう。保育は経験だけではないでしょうが，それなりのプロとしての責任を追える人が担うべきなのではと思います。よりよい保育者の育成はこれからの保育の行く末を，日本の行く末を決めると言っても過言ではないと思います。

また，子どもを取り巻く環境が悪化の一途をたどっています。子どもたちにとってこんなにも迷惑なことはないでしょう。自然が子どもたちの与える影響は計り知れないものがあります。私たち人間は自然の産物だからです。自然とともに，自然の中にあって生きていく，生きていけるのが人間なのです。子どもたちから自然を奪わないでほしいのです。これから成長していく子どもたちのために少しでも豊かな自然環境を残すことは，私たちおとなの責任でしょう。おとな一人ひとりがその責任に気づき，子どもたちのこれからを守りたいものです。

(2) この保育に携わった方々からの声

最後に，このアフタースクールの新しい試みにたずさわった方の声を紹介して，結びにかえたいと思います。

第4章　新しい預かり保育への提言　　155

★「アフター・スクール」実践から★

　私自身保育の仕事をはじめて，今年で13年になります。「こんなもんなんだ！」と先輩の先生方の教えを忠実に守り，慌ただしく過ぎていった1年目・2年目。いったいどこまで子どものことを本当に理解して，何をおこなってきたのでしょう？　保育者3年目・4年目にして，園の1年間の流れ，年間カリキュラム・月案・週案……を少しずつ理解しはじめ，保育自体にも自分自身で考え，アレンジすることができるなどの幅が出てきました。しかし，あらゆることを理解したのと同時に「自分の保育はこうあるべき！」と子どもたちに自分の理想とする保育を押しつけて，保育者主導型の保育に熱をあげていた気がします。運動会・お遊戯会・作品展……。

　いったいどれだけの子どもたちが本気で「運動会の練習って本当に楽しい！またやりたい！」と思っていたのでしょう？　「午前中にやった製作の続きを今すぐにやりたい。あそこにのりをはって，牛乳パックを組みたてて……」と，かけっこの練習中に考えていた子はいなかったでしょうか？　「さっきおままごとで作っていたカレーライスに，今すぐ人参を入れないとおいしいカレーライスが出来上がらない」と，砂場を見つめながら，私の笛の合図で玉入れの練習を黙々とさせられていた子がいたかと思うと，胸が苦しくなります。作品展の場面だって同じです。これは私の経験ではありませんが，ある幼稚園の作品展に出品する大きなロケット製作での一場面。30人ほどの園児が10人ずつくらいに分かれ，みな，片手に筆を持っている。ぐるりとロケットを囲んでから今から色を塗るよう。そして次に先生から出たことばは「はーい，最初の10人さんは，赤で塗りまーす。はじめっ！」そのかけ声とともに，黙々と赤を塗り出す子どもたち。「はーい。次の10人さんは黄色！」と延々と続くそのようすをテレビで見たときは何とも言えない気持ちになりました。私も似たようなことを子どもたちにさせていたからです。こんなやりきれない気持ちが持てるようになったのは，今のアフタースクールの保育と出会い，そこで日々変化する子どもたちの姿を目の当たりにしたからです。

　新しいアフタースクールカリキュラムの開発……。いったい何から始めたらよいのでしょうか？　「子どもの創造性を伸ばす保育」をメインテーマに考えてみました。

　創造性……。ないよりはあったほうがよいもの……というくらいでしか今まではとらえておらず，それをアフタースクールの保育にどのように取り入れていくのか？　さらに，それを伸ばす？　どんな手法をつかって？　保育者との関わりは？　あれやこれや考えていくことで，今までの私自身の保育をゼロから見つめ直す機会を得ることができました。

今後の新しい試みの中の具体的な保育内容として，「流れある保育」……子どもの興味・関心に沿った保育というものに私自身とても強い関心をいだきました。早く実際この目で子どもたちの動きを見てみたいと思ったのです……。そして予想していたとおり，日を重ねるごとに子どもたちの行動は見事に私の保育観に衝撃を与えてくれました。
「自分たちのやりたいことなーんでもやっていいよ」「みんなが必要とすることは先生たち何でも受け入れるよ。だから困ったときは何でも言ってきてね」
　しかし実際に保育を進めていくなかで，子どもたち自身もずいぶんととまどいを見せていました。最初のころ，子どもたちは，なんだか指示されることを待つかのように，なんとなくおもちゃに触れてみたり，いつものブロック遊びに走ったり……正直変化は見られませんでした。いかに保育者主導のもとで，子どもたちが日々の園生活を過ごしていたのか改めて実感し，怖い気さえしました。7・8年前までは当たり前と思っていた保育なのに……。さらに「何していいかわからんもん」「先生いっしょにしてー！」と訴える子どもたち。自らの興味・関心以前の問題だと感じました。
　しかし，ある一人の男の子の行動からアフタースクール全体の雰囲気は確実に変化したのです。どちらかといえば，今までは落ち着きがなく，よく注意を受けていたこの子は，自分のやりたいことが先で，いわゆる集団の保育には順応しにくい子どもでした。でも私たちの今回の新しい試みを一番に笑顔で受け入れ，目をキラキラ輝かせてくれたのがこの子だったのです。他の子たちも，少しずつですが，動きが見えてきました。
　日を追うごとに子どもたちの動きに流れができてきたのです。

自らが考えやりたいことを探す
↓
それに必要な素材を保育者に要求する
↓
自らが考えたことに取り組む
↓
疑問が生じる
↓
保育者にたずねる
↓
さらに取り組む

　この流れができあがることにより，保育者という私たちの立場は，「子どもの活動のお手伝いをする」程度にしか過ぎないことも感じました。なぜなら子

どもたち自身がどんどん自分たちのペースで保育の方向をつくっていくからです。日を重ねていくうちに子どもたちはどんどん変わっていきました。自分自身のやりたいことがはっきりとし，あらゆる素材を集めてくるようになりました。それは，カラフルな毛糸だったり，大きな紙だったり，自分が納得するために調べる図鑑だったり，保育者の助言だったり……。おもしろいほど自分たちで動くようになったのです。
「こんなに自分たちで考え，行動できる子たちだったんだ」
ある意味でショックを受けました。この子たちを理解してなかったんだと……。

　子どもたちが自らのペースで保育や遊びを切り開いていこうとするなかで，つぎは保育者自身の問題があらわになってきました。今まで子どもたちに指導することが当たり前だった現実から，子どもの動きによってクルクル変化していくアフタースクールの保育に「果たしてこれでいいのか？」という疑問，「子どもに指導しない頼りなさ」が常につきまとっていたようです。でも私自身常に2人のアフタースクールの保育者には，子どもと同様に「自分がやってみたいことは失敗を恐れずやってみて。でも結果は必ず次の判断材料にしてね」ということを言ってきました。さらに述べることは簡単なことですが，ある意味とても困難なことだったかもしれません。それは，2人の保育者が常に同じ意識で，同じ保育にあたる，ということでした。

　さらに，この2人のスタッフのサポート役として，園長の私は，常に2人の保育を観察し続け，感じたことをストレートに伝えることに心がけました。目の前で起こっている子どもたちのようすを観察することにより，あらゆる意見・保育に対する助言をすべて伝えました。このアフタースクールの保育を客観的にとらえることを経験した私自身は，自分の保育観に大きな影響を受け，またすばらしい財産となったのです。

　「子どもの興味・関心に沿った保育」のアフタースクールは幼稚園終了後の午後2時からスタートさせ，午後6時まで実施しています。私自身は，この4時間という時間もこの新しい保育を進めて行くうえで，ベストな時間ではないかと考えています。各幼稚園で十分集団での保育を経験してきた子どもたちが，そこで得たさまざまなルールや友だちとの関わりをさまざまな形で応用し，今後はアフタースクールで，自分自身の興味・関心に沿った体験をしていく。「集団での育ちと個々の育ち」がうまい具合に調和されているのではないかと思います。

　私自身2年前にはじめて人の親となったのですが，保育者ではなく，母親という立場でこのアフタースクールの保育のことを考えてみました。「朝から夕方までの時間すべてが自分のやりたいことを自分のペースで遊んでいく保育に

ついてどう思いますか?」と問われたらどうでしょう? きっと「No」と答えるでしょう。なぜなら今から自分が生きていく過程で,3歳でしか体験できない人とのかかわりのルール,4歳でしか体験できないお友だちとの喜び,5歳でしか味わえない集団での達成感は必ずあるものです。そういった経験を十分得たうえで,このアフタースクールの保育は生きてくるのではないでしょうか? だからこの4時間という時間,幼稚園終了後のこの時間だからこそできる保育ではないかと考えます。わが子にも必ず体験させてやりたい保育です。

アフタースクールで得たさまざまな経験が今後子どもたちの生きていくさまざまな過程でよい影響を与えてくれたなら,これほど保育者にとってうれしいことはありません。

さて,他園で,当園の取り組んでいるテーマ保育が実現できないか? と考えてみた場合はどうでしょう? このテーマ保育は,さきにも述べたように,子どもたちの興味・関心をベースにさまざまな形でくり広げられます。保育者自身は子どもへの関わり方,さらに,子どもからの発信を随時受けとめる姿勢でこの保育にのぞめば決して不可能なことではないと思っています。フルタイムで子どもを預かっている園は,このテーマ保育に取り組み,保育者は子どもたち一人ひとりのさまざまな発信を知ることにより,集団の中での○○くんの姿,個人の生活における○○くんの姿が比較できるのではないでしょうか? 集団での保育だけでは気づけなかった子どもたちの育ちがきっと見えてくるにちがいありません。

(元ベネッセ・チャイルドケアセンター友泉 園長 前中恵理奈)

★テーマ活動『地球』を終えて★

初めてこの保育の話を聞いたとき,正直言って「何のことかよくわからないけど,たいへんそうだなあ」と思いました。園長先生たちとの話し合いの際,「いったい創造性保育ってどうすればいいのかな。私にできるのかな?」と不安でいっぱいでした。今まで幼稚園に勤めていたときも「個性をたいせつに一人ひとりを育てていきたい」と頭では思っていても,実際にはほとんどできず,今の園に勤めても,何かしら「作るものは同じもの」「みんな同じに」ということがいつもひっかかっていました。

長い期間にわたってのこの保育,本当にだいじょうぶなんだろうか。そう思いながらスタートした11月1日。〔地球儀と世界地図〕たった2つの教材で子どもたちってこんなに盛り上がるんだ,と改めて子どもたちの発想の豊かさを身をもって実感した日だったように思います。その日から今まで「子どものため

に」と信じて行ってきた自分の保育と,初めての「創造性保育」の戦いが始まったのです。

しばらくは「今までの保育」から抜けきれず,どうしても保育者主導型になってしまう自分をはがゆく思い,同じ活動をしてくれない子どもたちにいらいらしていました。また,予想した活動をしてくれない子どもたちに,なんとか予想した活動をしてほしいと声をかけ,教材を見せあれこれ手段をつくしたこともありました。そのたびに果たしてこれでいいのか,こういう保育が創造性保育としていいのか行きづまり,悩み,落ち込みました。しかし,いつのころからか,少しずつ本当の意味の個性を受けとめてあげられるようになったのです。

年齢のちがいはもちろん,個人の関心・興味のちがいは当たり前です。それまで行ってきた保育はたくさんの子どもたちの成長の芽をつんでしまってきた感じがして,すごくかわいそうなことをしたと思いました。

今まで目立たなかった子がすごく真剣に活動に取り組んだり,こつこつと興味があるものを追求したり……保育者が詳しく言わなくても自分で考え,発見し,それをさらに活動に深めていく子どもたちの目の輝きは,本当に今まで見たことがありませんでした。

私はこの保育をして,真の子どもの姿を初めて見たように思います。たしかに,さまざまな面で今までよりもたいへんですが,それ以上に子どもたちが成長しているのでとてもうれしく思います。アフタースクールだからできたこの創造性保育ですが,ぜひ他の幼稚園や保育園でも取り入れていって,子どもたちの無限の可能性を伸ばしていってほしいと思うとともに,私自身,もっと良い「創造性保育」をめざして,子どもと共に日々努力していきたいと思います。

（元ベネッセ・チャイルドケアセンター友泉　上村美和）

★テーマ保育を実践して★

創造性を伸ばす保育,個々の育ちをたいせつにする保育をひとつのテーマ活動をとおしてやっていくことを聞き,どんな保育だろう？　創造性とは？　と思わず「創造」ということばを辞書で引いたものでした。

「創造＝新しいものを自分で考えてつくりだすこと」――その意味が理解できたのか,理解できていないかもはっきりとわからず,少々不安をかかえたまま「地球」というテーマ活動が始まりました。

活動の初めは,めずらしい教材にとびつく子どもたち。しかし興味がなくなるとまったく「地球」という活動からはずれ,別の活動をしてしまう子ども。どうやって活動の輪の中に入ってもらえるのかと,いろいろと声をかけたり,

うながしたりと，私自身少しテーマにとらわれすぎて強制してしまったこともありました。

しかし，活動もなかごろに入ると，少しずつではありましたが子どもたちが変わっていったのです。興味を示したことに対して自分から本を見て調べたり，追究したりする子ども，ちょっとした刺激に対し，イメージし表現していったりと，今まで自分から活動していなかった子どもが，自分で考え動く。まさにこれが創造性なんだと思った出来事でしたし，子どもたちのつぶやき，発想には，ハッと驚くこともありました。

変わっていったのは子どもたちだけでなく，自分自身も変わっていきました。今まで自分がやってきた保育というのは，園行事，指導計画などに追われ，子どもたちにこれをさせなければ，これをしなければと典型的な保育者主導型の保育。しかしこのテーマ活動では，子どもの興味・関心によって保育が進められていきます。最初は，自分の予想通りにいかない，先が見えてこないということで，保育内容に行き詰まり，悩んだりしましたが，しだいに「これでいいんだろうな」と以前に比べ無理にテーマにとらわれすぎることなく，自分自身も少し楽になり，楽しんで活動している子どもたちを見ていると，子どもたちに負けまいと自分自身も楽しんで保育に参加できるようになっていきました。

ここで，まだ漠然とではありますが，創造性保育とは，個々の育ちをたいせつにするという保育だとわかってきたような気がしました。

これからもこの創造性保育を進めるにあたり，今までの自分の保育にとらわれることなく，子どもたちといっしょにのびのびと保育を楽しみ，そして子どもたちとともに自分も成長していきたいと思います。

（元ベネッセ・チャイルドケアセンター友泉　兼峯かおり）

★子どものゆたかな育ちをめざした幼保の連携の試み★
新しい試みの始まり

近年の急速な少子化や核家族化，都市化の進行に伴い，地域での家庭の孤立化や家庭の教育力の低下など子どもを取りまく環境は，大きく変化しています。育児情報が氾濫するなかで，母親の育児不安も増大しております。

しかし，子どもの生命体としての成長，人が人間へと発達するための経験や教育は，昔も今も同じです。ところが，子どもが育つよい環境（自然，社会，教育）を意識をもって，整備しないと育たない事実があります。

人格形成の基礎は，幼児期の外面的，内面的教育によるところが大であり，その根幹は大脳の発達に左右されます（『幼児教育と脳』澤口俊之著を参考）。

幼児教育とは、知識や技術そのものを労少なく親切ていねいに、要領よく教えることではなく、将来、知識や技術を学習するために必要な知性や感性、言いかえれば、豊かな人間性を啓発することを目的としています。常に子ども主体に真心をもって将来の花や実を考え、接してきたこと、いちばんたいせつにしてきたことが、ベネッセ・チャイルドケアセンターの鷺沼教室でも、浦安教室でも保育実践されていました。子どもたち一人ひとりの明るい表情に、その成果が見えました。

ベネッセの教育に共鳴し、いろいろな感動的な接点があり「ベネッセ」企業が経営する保育園と私立学校法人・きりん幼稚園との提携による全国初のチャイルド・ケアセンターが誕生しました。

子育てと現実

わが子を保育園に預けて、私は幼稚園の教師の仕事を辞めることなく続けていました。

私が子育てしながらいつも思っていたことですが、私が8時間働けば、子どももおのずと保育園で8時間の人間関係のなかで過ごさなければなりません。このことを、子どもの身になって実感されたこと、ありますか。

どんなすばらしい保育施設・保育士がいても、保育園に何年もいれば、子どもの力関係も確立し、8時間を同じ子どもどうし、同じ場所で続けることの子どもの葛藤、フラストレーション、ストレス……。

「ゆっくりしたいなあー」こんな子どものつぶやきを体験した私は、どうしようもないやるせなさ、子どもに申し訳ない思いで悩みました。

保育園と幼稚園が一体となった施設があれば、子どもの心は生き生きと輝くのではないか――「幼保一元化、一体化の施設」その必要性をずっと考えてきました。しかし、現実には、文部省と厚生省の大きな壁があります。その壁をなんとかしなければ……。垣根を越えた「夢の実現」が、ベネッセとの提携です。私にとっては、ほんとうに現状打開の一石の願いでした。

ある日、横浜の教育委員会から電話がありました。「ベネッセとの提携の状況を見学したい」実際に見てもらい、上記の現実の壁について話したところ、その壁はむずかしいことではない、コンセプトの考え方である、と言われ、あっという間に保育行政が動きはじめました。すでに、そういう時期が来ていたのでしょうか。

真心の子育て支援

私は今、エンゼルプラン、子育て支援ということばだけが先を急ぎすぎて、中心である赤ちゃん、子どものことが語られていないように思われます。

私の，子育ての体験と保育実践から考えている真心の子育て支援とは，子どものアイデンティティをしっかり見すえた保育の実践です。預ける親も，子どもに不自由さをかけていないという実感があって，はじめて仕事の充実，仕事の楽しさ及び仕事をもつ意義があります。なおかつ子どもの成長を，親子で喜びあえる場の実現が必要です。

　安全と信頼できる保育理念の基に設立された保育施設（環境）のなかで，子ども自らの心が動くような教育方法（過程）があることだと信じています。もちろん赤ちゃん，子どもと直接かかわる者は，明るく，ハツラツとした人的環境であり，自分の目の中に，子どもの瞳の輝きを写せる人に，真の資格が与えられると思います。

　ベネッセときりん幼稚園の提携により，子どものアイデンティティを考えた年齢別の保育形態の実践は次のようになります。

　0, 1, 2歳のナーサリーは，やさしい微笑の雰囲気と安全，清潔の基，個々の乳幼児に愛情をかけ，心の安全基地を保障してあげる。へたをすると施設病，トラウマにもなりかねません。また預かるだけでなく，年齢が未熟なほど，感覚教育，感覚学習，知，情，徳，体の全面発達教育が不可欠になります。

　3歳になると子どもは友だちを求めます。幼稚園という仲間集団に，つまりベネッセのナーサリーからきりん幼稚園に入園します。集団の中で自分を確立する場が必要となります。保育園とちがう大きな集団，いろんな環境の子との出会いは，4時間で集中する人間関係を通して身体的，精神的，社会的自立，自律のたいせつさを学びます。

　午後2時で幼稚園を終わって，自分の家庭へ帰って行く子と，制服を着替えて，自分の好みの私服で参加する保育園——ベネッセのアフタースクールが始まります。同じきりん幼稚園のホールですが，場の設定はがらりと変わり，対応する先生がちがいます。もちろんカリキュラム内容もまったくちがいます。アフタースクールの先生が，「おかえりなさい」の心で受けとめてくれます。気分は一転して，集団生活から，個の遊びに夢中になります。

　このような年齢軸と子どもの発達軸を考慮した，一日の流れは，子どものいい表情，いい声，いい姿勢に現れ，毎日が楽しくなります。子どもの満足度，親の満足度，先生の満足度をチェックすることが，これからの各施設において，たいせつなことだと思います。冒険かもしれませんが満足度調査により施設補助金が決まるというのはどうでしょうか。

（きりん幼稚園　園長　友枝三栄子）

引用・参考文献

秋山和夫　1998　幼児教育を考える22章―現代的課題を原点から問う　北大路書房

新井邦二郎　1998　子どもの自己決定に関する発達的研究　平成7年度～平成9年度科学研究費補助金［基盤研究(B)(2)］研究報告書

Brod, C. & Lamb, N. *THE CREATIVE REVOLUTION AND THE FUTURE OF JAPAN*. 戸田眞澄（訳）　クリエイティブ・チャイルド　―子どもの創造性と日本の未来　ビジネス社

Doverborg, E. & Pramling, I. *Learning and Development in Early Childhood Education*. 泉　千勢（訳）　1998　テーマ活動　その理論と実践―スウェーデンの保育方法　大空社

岸井勇雄　1997　これからの保育―幸せに生きる力の根を育てる　エイデル研究所

倉橋惣三　1996　育ての心(上)・(下)　フレーベル新書　12・13

教員研修総合特集（教員研修増刊）　創造性教育読本　1988　教育開発研究所

松原達哉　1996　子どもを伸ばす「なぜ」の聞き方・答え方―6歳までの創造性教育法　PHP研究所

日本保育学会（編）　1997　諸外国における保育の現状と課題―保育学会50周年記念版　世界文化社

小川博久　1991　保育原理2001（第2版）　同文書院

恩田　彰　1994　創造性教育の展開　恒星社厚生閣

大田　堯　1997　子どもの権利条約を読み解く―かかわり合いの知恵を　岩波書店

相良敦子　1995　ママ，ひとりでするのを手伝ってね！―モンテソーリの幼児教育　講談社

相良敦子・池田政純・池田則子　1994　子どもは動きながら学ぶ　環境による教育のポイント　講談社

依田　明　1990　きょうだいの研究　〈現代心理学ブックス85〉　大日本図書

全国保育団体連絡会/保育研究所　1998　保育白書（特集：現代の家族と保育所のあり方）　1998年版　草土文化

遊育　U－IKU　1999・5・10,8・9, 8・23, 10・11, 11・8, 11・22, 12・27　幼児教育21研究会

〈著者紹介〉

冨田　ひさえ（とみた　ひさえ）

　市川市において20余年間，幼児教育（幼稚園教頭・子育て相談など）にたずさわる。そのかたわら，カウンセリングについて10余年学び，筑波大学大学院教育研究科カウンセリングコースを修了後，筑波大学本学にて博士号を取得し，学校心理士，臨床発達心理士，上級教育カウンセラー他，カウンセラーとして，乳幼児を対象としたカウンセリングおよび小・中・高・大学生の教育相談を行っている。
　また，浦和学院専門学校看護学科，東邦医療技術短期大学などで「人間関係論」を，山村学園短期大学では「カウンセリング論」，保育内容5領域の「表現」「環境」「言葉」「人間関係」，鎌倉女子大学では保育内容全般および心理学科目を指導し，現在は千葉大学教育学部にて幼児教育学全般を指導している。
　株式会社ベネッセスタイルケア・チャイルドケア事業部の顧問指導者として，現場の保育士，保護者の指導やカウンセリングを行い，乳幼児の発達支援を行っている。
　専門領域は「幼児教育学」「教育心理学」「発達心理学」でおもな対象は乳幼児である。

子どもはせんせい
―新しい預かり保育実践から見えたもの―

2001年 2 月10日　初版第 1 刷発行
2011年 2 月20日　初版第 3 刷発行

定価はカバーに表示してあります。

著　者　冨田ひさえ
発行所　㈱北大路書房
〒603-8303　京都市北区紫野十二坊町12-8
電　話　(075) 431-0361㈹
ＦＡＸ　(075) 431-9393
振　替　01050-4-2083

©2001　制作●ラインアート日向・華洲屋　印刷・製本●㈱太洋社
検印省略　落丁・乱丁本はお取り替えいたします。
ISBN978-4-7628-2205-6　Printed in Japan